U0903561

教育部职业教育与成人教育司推荐教材
汽车维修模块式短期培训教材

汽 车 美 容

主 编 祖国海
副主编 张晓云

机 械 工 业 出 版 社

本书详细介绍了有关汽车美容方面的基本知识，同时侧重于汽车美容护理知识的实际应用与操作技能的培养。主要内容有：汽车美容基本知识、汽车清洗、汽车美容护理品、汽车美容装饰工具和设备、汽车车身美容护理、汽车油漆护理、汽车内外装饰、汽车美容护理实务。

本书的内容简明扼要，通俗易懂，是进行汽车美容技能培训的适用教材，也可供从事汽车维修人员阅读和参考。

图书在版编目（CIP）数据

汽车美容/祖国海主编．—北京：机械工业出版社，2006.8（2016.2 重印）
教育部职业教育与成人教育司推荐教材．汽车维修模块式短期培训教材
ISBN 978-7-111-16325-1

Ⅰ.汽… Ⅱ.祖… Ⅲ.汽车-车辆保养-技术培训-教材 Ⅳ.U472

中国版本图书馆 CIP 数据核字（2006）第 085936 号

机械工业出版社（北京市百万庄大街 22 号 邮政编码 100037）
策划编辑：朱 华 责任编辑：王振国 版式设计：霍永明
责任校对：王 欣 封面设计：陈 沛 责任印制：李 洋
三河市宏达印刷有限公司印刷
2016 年 2 月第 1 版第 4 次印刷
140mm×203mm · 7.125 印张 · 188 千字
6001—8000 册
标准书号：ISBN 978-7-111-16325-1
定价：12.00 元

凡购本书，如有缺页、倒页、脱页，由本社发行部调换

电话服务
社服务中心：（010）88361066
销售一部：（010）68326294
销售二部：（010）88379649
读者购书热线：（010）88379203

网络服务
门户网：http://www.cmpbook.com
教材网：http://www.cmpedu.com
封面无防伪标均为盗版

汽车维修模块式短期培训教材

编 委 会 名 单

前　言

随着我国城市化进程的不断加快，每年都要有大量的农村剩余劳动力转移到城市中来。由于这些进城的农民工文化程度不高，又没有一技之长，也没有经过必要的职业技能培训，因此要在城市里顺利就业是比较困难的，汽车维修行业是吸收农村剩余劳动力和下岗再就业人员比较多的行业，也是发展比较快的行业。为了实施“农村劳动力技能就业计划”，促进农村劳动力转移培训，使其提高职业技能后再就业，是当务之急。

同时，为了贯彻国务院《关于大力发展职业教育的决定》和全国再就业会议精神，实施“下岗失业人员技能再就业计划”，深入推动再就业培训。我们精心策划了这套汽车维修模块式短期培训教材。这套教材也被教育部职业教育与成人教育司列为推荐教材。本套教材共有8种，即《汽车自动变速器+典型系列》、《汽车防滑控制系统（ABS)》、《汽车钣金》、《汽车电器维修》、《汽车电喷发动机+系列车型》、《汽车美容》、《汽车空调》、《汽车一、二级维护》。

作为农村剩余劳动力转移和下岗再就业培训教材有如下特点：

1. 本套教材面向农民工和下岗再就业人员。

2. 本套教材通俗易懂，简明扼要，以单元和课题的形式编写。

3. 本套教材不追求系统，而是突出技能培训。

4. 每种教材都从基本知识讲起，重点突出操作技能。

5. 本套教材注意新技术、新工艺、新材料、新观念的介绍，充分体现21世纪汽车维修的基本特点。

本套教材适合农村剩余劳动力转移就业培训，同时也适合转岗再就业培训用书。由于是初次编写这类教材，不足之处敬请广大读者谅解，并希望及时给予批评和指正。

编　者

目　录

前言
单元一　汽车美容基本知识 …… 1
课题1　汽车美容简介 …… 1
课题2　汽车美容业现状分析 …… 8
单元二　汽车清洗 …… 13
课题1　汽车清洗概述 …… 13
课题2　汽车一般清洗 …… 15
课题3　整车清洗 …… 18
课题4　汽车大修清洗和零件清洗 …… 24
课题5　汽车的内部清洗 …… 29
课题6　汽车免拆清洗 …… 35
单元三　汽车美容护理品 …… 39
课题1　清洁剂与护理香波 …… 39
课题2　车蜡 …… 44
课题3　保护漆与保护剂 …… 47
课题4　抛光剂 …… 49
课题5　除锈、防锈剂 …… 51
课题6　护理剂 …… 54
课题7　添加剂 …… 54
课题8　其他护理品 …… 56
单元四　汽车美容装饰工具和设备 …… 60
课题1　涂装美容主要工具和设备 …… 60
课题2　清洗主要工具和设备 …… 66
课题3　研磨抛光设备 …… 74
课题4　打蜡抛光机 …… 78
课题5　吸尘机、吹干机 …… 79

课题 6　蒸汽消毒机 …… 81
课题 7　地毯脱水机 …… 83
课题 8　汽车装饰常用工具和设备 …… 84
单元五　汽车车身美容护理 …… 91
课题 1　车身日常美容护理 …… 91
课题 2　车身漆膜的美容护理 …… 93
课题 3　保险杠及仪表板的美容护理 …… 99
课题 4　风窗玻璃、车窗玻璃的美容护理 …… 101
课题 5　轮胎的美容护理 …… 102
课题 6　新车的开蜡与美容护理 …… 104
单元六　汽车油漆护理 …… 106
课题 1　汽车常用底漆 …… 106
课题 2　汽车常用面漆 …… 115
课题 3　车身内涂层的整平处理 …… 125
课题 4　底漆的施工 …… 130
课题 5　面漆的施工 …… 138
课题 6　汽车喷漆常见的缺陷及预防 …… 147
单元七　汽车内外装饰 …… 171
课题 1　汽车内外装饰材料 …… 171
课题 2　车身多色花纹喷涂方法 …… 176
课题 3　美术字与图案的涂装工艺 …… 178
课题 4　彩条及保护膜装饰 …… 181
课题 5　汽车玻璃装饰 …… 183
课题 6　汽车顶棚内衬装饰 …… 188
课题 7　侧围内护板和门内护板的装饰 …… 194
课题 8　仪表板的装饰 …… 198
课题 9　座椅的装饰 …… 203
课题 10　地板的装饰 …… 208
单元八　汽车美容护理实务 …… 211
实务一　汽车清洗的一般方法 …… 211
实务二　汽车内室的清洗 …… 212

实务三　车身的日常护理 ………………………………………… 215
实务四　车身柏油的处理方法 ……………………………………… 217
参考文献…………………………………………………………… 218

单元一　汽车美容基本知识

课题1　汽车美容简介

一、汽车美容的含义

随着我国汽车工业的迅速发展和汽车保有量的不断增加，一个新兴的行业——汽车美容业迅速兴起，并且逐渐遍及全国。

汽车美容是一个全新的概念。它源于西方发达国家，英文名称表示为“Car Beauty”或“Car Care”。早期传统的汽车美容指：车身擦洗、除渍、打蜡和除臭吸尘等常规护理。其特点是操作简单，但效果较差。现在的汽车美容，是指专业的技术工人，根据汽车各部位不同材质，采用针对性的养护产品和专业工具设备，按照一定的施工工艺流程，由表及里对汽车进行细致的保养，使汽车外观洁净如新、漆面亮光保持时间长，并能有效延长汽车及其装备的使用寿命。简而言之，现在的汽车美容应该具有严格的系统性、规范性和专业性。

今天的汽车美容是利用专业美容系列产品和高科技设备，采用特殊的工艺和方法，对漆面增光、打腊、抛光、镀膜及深浅划痕处理；全车漆面美容；底盘防腐涂胶处理和发动机表面翻新等一系列养车技术。它可以实现“旧车变新，新车保值，延寿增益”的功效。

“汽车美容”这一概念在我国最早出现于1994年，如今已被人们广泛接受。而从事汽车美容的企业，常以各种称谓遍布于全国各地。例如：“汽车美容中心”、“汽车清洗中心”、“汽车美容养护中心”、“汽车养护坊”、“爱车之家”等。

“汽车美容”一词，在西方国家最早被称为“汽车保养护理”。这一定义与实际的工作内容更为贴切。对汽车保养护理，不能仅停留在表面，而且要深入到内部。例如，对汽车免拆清洗维护，就是针对汽车零部件的内部进行的，而汽车美容的实质是对表面而言。所以，对汽车美容企业来说，必须按其维护要求内容进行工作。现如今，“汽车美容”已成为一种普及程度很高的、专业化很强的服务行业。它代表一种全新的汽车维护概念，与一般的汽车打蜡、清洗有着本质上的区别。

在当今时代，汽车美容就像人类的美容，有“养颜益寿”的意思，而且也是一种很现实的投资。由于汽车工业的发展，社会消费时尚的流行，以及人们对事物猎奇、追求新异思想的影响，汽车款式的更新速度非常快，而汽车的款式、性能以及汽车的整洁程度，都体现出车主的性格、修养、生活观和喜好。所以，许多人都想让自己的汽车看起来漂亮，用起来舒服。汽车经过有效的美容装饰，可以提高其使用价值，创造一个良好的使用氛围，从而提高其“身价”，提高了“投资的效益”。

总之，现代汽车美容是在继承传统美容的基础上，完善和发展起来的高科技汽车护理。它依托于传统美容，但在新材料、新技术等领域又让传统汽车美容黯然失色、望尘莫及。

现代汽车美容服务大体上可分为车身美容、内饰美容、漆面处理、汽车防护及汽车精品五大部分。

二、汽车美容的分类

根据汽车的实际美容程度，一般将汽车美容分为一般美容、汽车修复美容、专业汽车美容和自助汽车美容 4 种类型。

1. 一般美容

一般美容，就是人们普通所说的“洗车、打蜡”。

一般美容是将汽车表面上的污物、尘土洗去，然后打蜡，增加车身表面的光亮度，起到粗浅的“美容”作用。

这种美容方法，操作起来比较简单，通常是由一两个人、一桶水、一条毛巾就可以完成的“汽车美容”。这种操作往往清洗不彻底，还会把漆膜划伤，出现细微的划痕；水洗后擦拭不彻底，使有的部位留有水渍，“完工”后阳光一照，水分蒸发，留下了水痕，影响表面光泽；在车身的门缝、窗边等凹槽处，因无法擦干，在阳光照射下，出现水汽，加重了对漆膜和凹槽等处的腐蚀作用，使车身受损。由于上述原因，所以，应避免采用这种方法对汽车进行美容。

2. 汽车修复美容

汽车修复美容，是对车身漆膜有损伤的部位，先进行漆膜修复，再进行美容。这种美容的大体工艺流程是：

砂平划痕→涂原子灰→研磨→涂底漆→涂底色漆→涂罩光漆→ 清除接口→抛光打蜡

汽车修复美容，必须在正规的汽车美容中心进行，它需要必要的设备和工具，按照一定的修复美容工艺，才能满足汽车美容的基本要求，如需要在无尘车间对车身进行喷涂，用专业的烤漆房对喷涂后的车身进行烤漆。

3. 专业汽车美容

专业汽车美容，不仅仅包括对汽车的清洗、打蜡，更重要的是应根据汽车实际需要进行维护。主要包括对汽车护理用品的正确选择与使用、汽车漆膜的护理（例如对各类漆膜缺陷的处理、划痕的修复美容等）、汽车装饰、精品装饰等内容。所以专业汽车美容是一个非常复杂的系统工程。

一般来说，专业汽车美容是通过先进的设备和数百种专用汽车美容用品，经过几十道工序，从车身、内室、发动机、钢圈、轮胎、底盘、保险杠、油路、电路、空调系统、冷却系统、进排气系统等各部位，所进行的彻底清洗、保养和维护，使旧车面貌变新，并保持一定时间。这样的汽车美容，才是真正意义上的专业汽车美容。

（1）专业汽车美容包含的主要项目和内容　包括：整车全面彻底清洗；油污、飞漆、污物的清洗处理；尘粒、桔皮等漆膜缺陷的砂平处理；漆膜粗研磨处理；漆膜细磨抛光处理；漆膜增艳处理；漆膜抗氧化保护处理；持久保护层处理；漆膜镜面处理；钢圈、轮胎、保险杠、底盘等保养护理；室内各部位及主要配置的保养护理；发动机系统的美容护理等。

(2) 专业汽车美容后达到的效果

1）车身漆膜应达到艳丽的新车效果，并能长久保持；应具有防静电、防酸雨、防紫外线的“三防”功能。

2）发动机的清洗翻新，可使发动机表面形成光亮的保护膜并可长久保持；发动机系统经过免拆清洗后，可提高整个系统的性能，并延长使用寿命。

3）风窗玻璃的修复抛光，可使开裂发乌的玻璃变得清晰明亮，完好如初。

4）轮毂、轮胎经美容护理后，应具有艳丽的光泽，并能延长使用寿命。

5）室内、后备箱等处，经美容处理后，应更显清洁、清新，华美富丽。

6）车辆金属裸露部分经除锈、防锈处理后，应具有金属光泽，不再生锈，并能延长其使用寿命。

(3) 专业汽车美容具备的基本条件　一个专业汽车美容企业，能否进行全面的汽车美容养护，必须要具备如下条件：

1）应有专用的汽车美容操作工作室，且工作室应与外界隔离，并设有专门的漆膜维修处理工作室、干燥室、清洗室、美容护理室，而且互不干扰。

2）各工作室应有相应的专用设备、工具及能源，可供施工所用。

3）所有的施工人员、技术人员，必须经过专业技术培训，取得上岗证书后，方可进行施工操作。

4）汽车美容用品及有关材料必须是正规厂家生产的合格产品，而且应是配套使用的相关产品。这样可避免在汽车美容施工时出现质量事故。

5）有必要的售后服务保障。售后服务是对专业美容的补充，是专业美容的延续，可保证出现质量问题后，能及时有效地进行补救处理，既可在消费者心目中树立汽车美容企业的良好服务形象，也是对消费者权益的重要保证。

4. 自助汽车美容

简单地讲，自助汽车美容就是车主自己动手对汽车进行清洁和养护。在汽车的日常使用中，如果对它只用不养，这就容易加速汽车的磨损和老化；如果把它开进路边小棚，用破布、几桶水或高压水枪“呵护”一番，表面上把车子洗得干干净净，其实是在对汽车实施破坏性清洗；如果把汽车开进汽车“美容院”，虽然能护理周到，但花费不小。其实，最经济、最简捷的美容手段就是自己动手，开展汽车自助美容。当然，这必须是在自己能处理的范围之内。

汽车自助美容主要有以下几种方法：

（1）高级护理方法

1）特点　美容用品全部采用纯天然材料制成，pH 值呈中性。通过日常护理，可起到抗氧化、防酸、抗紫外线照射、防老化等作用，并赋予车辆以自然光泽、散发清香之气。

2）适用范围　高档汽车的日常护理。

3）选材　纯天然洗车液、纯天然车蜡、车轮清洗保护套装、真皮清洗上光保护剂套装、内饰保护剂。

4）操作步骤

① 取纯天然洗车液，并根据产品质量或体积分数稀释、搅匀，用软毛巾或海绵擦洗汽车，然后用无纺棉或软毛巾轻轻抛光。

② 取纯天然车蜡，轻轻摇匀，用柔质布把蜡薄薄地涂在车体上，每次涂擦 $0.5m^2$，并擦除多余积蜡，稍后用干净布轻轻擦除多余积蜡。

③ 根据车轮情况，取车轮清洗剂对车轮进行处理。大约 10min 后可冲洗干净，用洁布擦干，再涂上上光保护剂。

④ 取真皮清洗剂喷涂于柔软毛巾或无纺布上，均匀涂于皮革表面，然后用另一块布擦干。再在阳光下预热皮革 10～15min，将真皮上光保护剂摇匀，在柔软毛巾（或无纺布）上倒上少许，

均匀地涂擦在皮革件上，并立即用另一条柔软毛巾（或无纺布）抛光。然后将内饰保护剂喷涂于车内仪表台等物上，并用无纺布擦拭干净。

（2）普通护理方法

1）特点　利用特殊的高科技配方增光聚合物，由于其润滑性能好，能有效无损害地洗去污渍，且使氧化严重的车漆经抛光后得到较好地修复，又能对清洗的物件起保护作用，防止紫外线破坏及老化。

2）适用范围　中、高档汽车的日常护理。

3）选材　高科技洗车液（适用于各种车漆）、聚脂上光镀膜蜡、轮胎泡沫清洗剂、轮胎泡沫清洗上光剂、仪表台皮革上光保护剂。

4）操作步骤

① 取高科技洗车液，并根据产品质量或体积分数稀释、搅匀，用软毛巾或海绵擦拭汽车，然后用无纺棉或软毛巾轻轻抛光。

② 取聚脂上光镀膜蜡，轻轻摇匀，用柔质布把蜡薄薄地涂在车身上，每次涂擦 $0.5m^2$，并擦除多余积蜡，稍后用干净布轻擦抛光。

③ 根据车轮情况，将轮胎泡沫清洗剂对轮胎进行清洗，然后用洁布擦干，再涂上上光保护剂。

④ 取真皮清洗剂喷涂于柔软毛巾或无纺布上，均匀涂于皮革表面，然后用另一块布擦干。再在阳光下预热皮革 10～15min，将真皮上光保护剂摇匀，在柔软毛巾（或无纺布）上倒上少许，均匀地涂擦在皮革件上，并立即用另一条柔软毛巾（或无纺布）抛光。然后将内饰保护剂喷涂于车内仪表台等物上，并用无纺布擦拭干净。

（3）新车护理方法

1）特点　配方较柔和，不伤原有车蜡，在新车表面形成致密的保护膜，能有效地防水、防酸碱及其他化学物质的腐蚀，为新车驶入变质环境提供理想的保护。

2）适用范围　各种新车或翻新车。

3）选材　泡沫洗车上光剂、隐形车衣、透明保护剂。

4）操作步骤

① 取泡沫洗车上光剂喷于车体，用海绵或软毛巾擦拭，然后用清水冲净即可。

② 取隐形车衣，摇匀，在软布或海绵上倒上少许，轻轻以圈状打匀，稍后用干净软布擦净。

③ 取透明保护剂，摇匀，擦净皮革、橡胶等表面，再用干净布擦净。

三、汽车美容的主要工作内容

1. 汽车外部美容

(1) 汽车车身清洗

1）一般清洗。

2）汽车大修清洗。

3）整车清洗。

4）汽车零部件清洗。

(2) 汽车车身的美容护理

1）新车开蜡。

2）车身漆面的美容护理。

3）保险杠的美容护理。

4）车轮的美容护理。

5）风窗和车窗的美容护理。

6）底盘的美容护理。

(3) 汽车车身外部装饰

1）特种装饰喷涂。

2）文字装饰喷涂。

3）美术油漆喷涂。

4）特种涂料装饰喷涂。

5）车身“大包围”装饰。

6）轮罩、“眼眉”、旗杆灯等装饰。

2. 汽车车内美容装饰

1）驾驶室的美容装饰。

2）发动机室的美容护理。

3）发动机的美容护理。

4）车内护面的美容护理。

5）车内仪表板、地板、顶棚、座椅、行李箱等的美容护理及装饰。

6）车内空气净化、冷暖风口除臭等美容护理。

3. 汽车的安全防护

1）汽车防盗和防爆装置、报警装置的安装。

2）汽车隔热防爆膜的选装。

3）汽车安全气囊的选装。

4. 汽车精品的选装

1）汽车音响的选装。

2）汽车通信、影视产品的选装。

3）汽车用香品的选装。

4）汽车用饰品、工艺品、汽车上生活用品等的选装。

课题 2 汽车美容业现状分析

一、我国汽车美容业的现状

1. 起步晚，发展快

西方一些发达国家的汽车美容业崛起于 20 世纪 70 ~ 80 年代，而我国的汽车美容业是从 1994 年才开始出现的，经过十多年的发展，正逐步走向普及化、专业化。据有关资料介绍，目前我国的汽车装饰美容企业（包括装饰美容店）已达 20 多万家，成为了 21 世纪的黄金产业。

2. 潜在市场很大

根据专家预测，随着我国经济持续高速发展和人们消费观念的改变，中国将成为世界轿车消费的大国之一，即我国轿车保有量在未来的一二十年里会有飞速提高，到2010年我国汽车保有量将达到4500~6000万辆，年需求辆为500~700万辆。巨大的汽车保有量为汽车美容业提供了广阔的市场，其社会效益和经济效益将是十分显著的。当人们拥有一辆自己的爱车时，无疑会关怀倍至，汽车的平时清洁护理和定期美容，必然会成为人们日常的消费内容。

二手汽车市场对汽车美容行业的影响也很大。二手车置换前需要美容，二手车转换后车主也要美容。以美国为例，1998年美国二手车交易量为4100万辆，占全年新旧车交易量的73.2%，交易总额达3 700亿美元，占新旧车总交易的55%以上，换句话说，旧车交易量在数量上是新车交易量的3倍，在交易额上是新车交易的1.2倍。1997年，德国202万购买自己的第一辆车的公民中，新车只有25万辆，占12.4%，二手车177万辆，占87.6%。目前，我国在二手车市场已经出台相关法规，二手车市场逐步趋于活跃，对汽车美容市场的影响也越来越大。

此外，我国各大中城市虽然发展很快，但建设不配套，缺乏停车场所，使大量的汽车只能露天停放，饱受风吹、雨淋、日晒，致使汽车部件加速老化。这也为汽车美容业的存在和发展，创造了潜在的巨大市场。

3. 汽车美容业管理混乱，从业人员技术水平低

对我国当前的汽车美容业现状而言，可用“管理混乱、技术水平低”来概括。

汽车美容护理对大多数车主而言，还是一个比较陌生的概念，因此，一些路边的擦车族，依然使用洗衣粉、洗涤灵（对漆膜有酸、碱腐蚀作用），同时一桶桶脏水污染着城市环境。

由于汽车美容业具有灵活、操作简单、利润较高、风险较低等特点，因此国内的大量洗车店、汽车配件精品店、轮胎店、汽修厂及个人蜂拥进入汽车美容市场，以争得市场上的份额，致使汽车美容市场管理混乱，技术水平普遍低下。

根据调查，目前国内的许多汽车美容店是：一无专业正规培

训，二无专业名牌产品，三无专业机械设备，四无服务质量保证。这样的技术水平和服务质量是可想而知的。

当前，由于国家对这个新兴行业的管理制度尚不健全，加上消费者对这个行业缺乏了解，所以市场上相继出现了一些东拼西凑的汽车美容用品，而这些杂牌物品却被一些不法厂家以巧妙的伪装和华丽的广告宣传，甚至打着进口专业品牌的旗号，实际上是一些假冒伪劣产品来坑骗广大用户。

汽车美容从业人员由于缺乏专业培训，造成了技术滞后。目前，汽车美容养护技术的传授和更新速度极慢，只能靠老技师的传、帮、带，不能适应市场上对养护工的需求。另外，汽车工业的新技术应用越来越广泛，计算机系统、电子技术在这一行业的应用也在逐渐升级，非专业汽车美容养护人员根本无法完成作业任务。

汽车美容从业人员对汽车美容用品缺乏鉴别能力，车主对汽车美容养护知识也了解不多，造成汽车美容市场暴利现象频出，也给一些不良商家带来可乘之机。更有一些汽车美容中心因缺乏技术工人和专业美容的清洗设备，导致对客户的汽车养护质量差。所以，规范汽车美容业市场、普及汽车美容知识、加强对汽车美容专业人员的培养势在必行。

4. 汽车美容业前途光明

汽车美容业的潜在市场很大，人们需要它，这就有了它生存发展的天地，前途是远大的。

目前，国家正逐步加大对汽车美容业的关注，加强宏观管理，健全规章制度，以逐步实现对汽车美容业进行规范化管理。同时，随着汽车美容业技术水平的不断提高，同汽车制造业一样，我国的汽车美容业也一定会以崭新的面貌展现在世人面前。

二、汽车美容业的发展方向和原则

1. 发展方向

汽车美容业作为“朝阳行业”有着广阔的发展空间。汽车在家庭中越普及，汽车文化的外延也越拓展，作为汽车文化的重要组成部分，汽车美容的设计也越流行。随着我国国民经济的持续高速发展，作为国民经济支柱产业的汽车工业，已进入一个飞速发展时期。汽车美容异军突起，将带动汽车产业的良性发展，将创造出巨大的就业机会。不断增长的汽车保有量，也为汽车美容与装饰提供广阔的空间。

汽车美容业必须向集中化经营方向发展，引进先进的经营理念和操作设备。利用原车型的配套关系采购装饰材料和装饰品，引进技术含量高的汽车精品，替代传统的汽车美容操作方式。

2. 美容原则

(1) 以稳妥为主，避免莽撞　急于求成是许多人容易犯的毛病，急躁是造成事故的主要原因之一。汽车美容护理的事故都是严重的，因为汽车的本身价值高。如果在研磨中把车漆磨透了，这辆车必须重新喷漆。所以当遇到难题时，一定要以稳妥为主，避免莽撞。

(2) 以质量为准，避免用重　最关键的是对产品的选择：在保证质量的前提下，能用柔和型用品的不用强力的；能用微切的就不用中切的；能用稀释的就不用浓缩的；能用低速的就不用高速的；能用轻力的就不用大力的。只要把活干好，轻的永远比重的强。

(3) 以特性为主，避免强力　专业人员不应从用品的名称上，而应从用品的特性上去理解用品。例如：丝绒清洗剂和发动机清洗剂对普通消费者来说是两种不同的产品。但对专业人员来说，它们都是用来去油的，发动机清洗剂的去油性强。了解了这一点，专业人员也可以用丝绒清洗剂来清洗不太油的发动机。在所有的内饰清洁中由于其材质的不同，其清洗的力度也有轻有重。丝绒最娇气，应使用柔和型的清洗剂，化纤其次，地毯清洗剂是最强的。遵循前两条专业美容护理的原则，在清洗内饰时，就可以用丝绒清洗剂来清洗整个内饰，包括化纤、地毯等。如果都干净了，也就没有必要使用强力的。这一原则，在洗车、打蜡、抛光等工序中同样适用。

（4）以精细为准，避免粗糙　专业美容是细活儿，仅次于艺术品的制作。边边角角的地方特别注意不能遗漏，一个小小的污点就有可能破坏整个形象，精益求精是专业汽车美容护理争取回头客的法宝。

单元二　汽 车 清 洗

课题 1　汽车清洗概述

汽车清洗是汽车美容的重要组成部分，也是汽车美容的基础。汽车在使用过程中，由于日晒雨淋、风吹砂击、尘土飞扬，以及高温、严寒、强光、酸雨等恶劣的环境影响，使车身漆面和零部件表面受到浸蚀，沾染污垢，严重地影响汽车装饰效果和使用寿命。为提高汽车的使用寿命，保持汽车清洁靓丽、车容整洁、车况良好，就必须及时对汽车进行清洗护理。

一、汽车清洗时机的选择

1. 按气候变化情况

1）晴天时，汽车表面只是一些浮尘沉积，可采用一般简单的清洗方法，进行日常清洗除尘，大约一周做一次全车清洗工作即可。

2）雨天时，雨水在车身表面停留一段时间后，可留下水印痕迹。若是“酸雨”，对车身的浸蚀作用更严重。所以，必须及时将车身上的泥水异物冲洗掉，并将表面擦拭干净。雨过天晴后，应及时全面彻底地将汽车外部清洗一次。

3）夏季连雨天时，对汽车的清洗要求频繁，尽量在雨停之后，对汽车进行一般清洗，保持车身表面的清洁干净。否则，残留的水珠会对车身漆面产生腐蚀，容易留下水印痕迹，影响车容车貌。

2. 根据行驶路况

（1）恶劣路况　当行驶路况十分恶劣时，例如在施工工地或经常路过工地，则工地砂尘、污泥将浸蚀车身，特别是工地的沥青、泥浆的浸蚀，更需及时彻底清洗；多雾的山区，由于道路不佳，路面砂石、尘土较多，尤其在有雾或雨天行车时，车身更易受污泥侵蚀且严重，一般都应及时对车进行清洗护理。

(2) 特殊环境　在沿海或热带多雨地区，海岸的露水或带盐水雾容易对车身产生腐蚀；热带高温潮湿，也易使车身表面受到侵蚀，均需及时对汽车进行清洗护理。

3. 意外情况

经过铺洒沥青路段时，风刮沥青喷雾沾污车身一侧时，需停车及时将沥青除尽，并进行适当护理。通过喷涂油漆的路段或天桥时，当恰遇天桥进行油漆涂装或广告牌粉刷装饰涂料时，涂料会散落到车上，应及时停车彻底清除油漆或广告涂料，并进行适当护理。

二、车身外部清洗的内容

车身外部清洗的内容，主要包括车身顶部清洗、车身侧窗和前后风窗清洗、车身侧护面和前后护面清洗、车身底部清洗。

三、车身清洗的方法

按清洗时使用的设备或工具分类，可分为一般清洗、高压水枪冲洗、电动洗车、超声波洗车。

按清洗部位分类，可分为汽车外部清洗、汽车内室清洗、汽车零部件清洗、免拆卸清洗、整车清洗。

四、车身清洗方法的选用原则

根据汽车清洗的具体要求，选择不同的洗车方法。例如：同样是整车清洗，可以选用不同的方法来实现，既可以用一般手工清洗，又可以用机械方法清洗。但是，手工清洗效率低，机械清洗效率高。

综上所述，汽车清洗应根据实际条件和汽车清洗的具体要求，既要保证洗车的质量要求，又要使清洗汽车所投入的人力和物力消耗最少，这就是选择洗车方法的原则。

课题2 汽车一般清洗

一、常用清洗方法

汽车一般清洗可分为：手工擦洗法、手工冲洗法、高压水枪清洗法。

1. 手工擦洗法

(1) 清洗用的材料和工具　一般手工擦洗主要用清水，工具选择水桶、擦洗用的柔软毛刷、一定数量的湿毛巾和干毛巾即可。

(2) 冲洗操作

1) 用毛巾蘸上水，从车顶由上至下把车身淋湿。

2) 用湿毛巾从车顶开始进行擦拭，把污垢擦净，逐步向车窗、护围从上往下擦拭。在擦拭过程中，应适时把毛巾用清水洗净，擦拭的毛巾不应带有砂粒，否则会把汽车漆面和玻璃擦伤或擦出划痕，这是不允许的。

3) 对污物较多处，可先用柔软的毛刷进行刷洗，然后浇上清水淋洗，最后再用湿毛巾擦洗。

4) 把车身擦洗一遍后，应观察是否还有残余的污物。如有，则应马上重新进行擦拭，直到擦净为止。

5) 用清洁的干毛巾，按上述的方式，再次擦拭车身，直到擦拭干净为止，不得残留污物和水迹。

手工擦洗的质量高低与清洗者的熟练程度和责任心有关。

2. 手工冲洗法

(1) 手工冲洗法所用的材料　主要是自来水，工具主要有自来水胶管、毛刷、一定数量的湿毛巾和干毛巾，以及备用水桶(用于清洗湿毛巾用)。

(2) 冲洗操作

1) 用自来水胶管喷水冲洗车身，先从车顶部开始，逐一从上往下冲，最后冲洗车底部。

2) 对污物严重的部位，可以边冲洗，同时用毛刷刷洗。冲洗完一遍之后，用湿毛巾擦拭一遍，对污物严重的部位，再重点擦拭，如车门下部、轮罩下部和内侧、底盘下部等。以“冲、刷、擦”三结合方式清洗，直到洗净为止。

3）用湿毛巾擦拭一遍车身，直到无污物为止。如有污物，应重复冲洗擦拭。

4）用清洁的干毛巾擦拭车身，除去污物和水迹，使车身清洁干净为止。

手工冲洗法一般用水量较多，应考虑尽量用循环水或中水冲洗。手工冲洗的清洗质量较高，清洗速度也较快。

3. 高压水枪清洗法

（1）所选用的材料和工具　大致有高压水枪、水桶、毛刷、湿毛巾和干毛巾等。清洗材料为高压水。

（2）清洗操作

1）先用高压清水，将全车车身冲洗一遍，将车身上的砂粒和污泥清除。

2）再用高压水枪冲洗车顶，边冲、边刷。

3）用高压水枪冲洗前后风窗和侧窗。

4）用高压水冲洗发动机罩、前围、车门、后围以及前后保险杠。

5）用高压水枪冲洗车轮罩、车轮和底盘下部，对污垢严重处，要反复边冲、边擦，直至擦净为止。

6）用湿毛巾将车身全部擦拭一遍，对残余污物应反复擦拭，直至擦净为止。

7）用干毛巾将车身全部擦拭一遍，直至将全车身擦拭清洁干净为止，不允许有任何污物和水痕存在。

高压水枪冲洗法简便、省力，冲洗速度快，作业质量高。因用水较多，应选择节水设施（使用中水设备）。

除上述的清洗方法外，机械清洗法还有其他一些方法。

二、其他清洗方法

1. 用机具清洗

机械方法清洗表面，特别在采用手工工具清洗时，是最简单和最容易做到的。它们适用于清除积聚的污泥、锈蚀、水垢和积炭。在小型修理中，刮片、金属刷、模块等工具得到较为广泛的应用。

对于不同表面，应用不同材料制作的工具来处理。为了清除零件表面的毛刺和松软的铁锈，可以使用合成材料制成的刷子。处理钢和铸铁件时，可以使用低碳钢制成的刷子；对于黄铜和铜制产品的表面，应使用黄铜丝和锡青铜丝制成的刷子来清洁等。

2. 用碎骨清洗

为了冲洗零件表面上的牢固污垢（积炭、水垢和油漆沉淀），在维修美容企业中也大量采用碎骨吹洗表面的方法。表面清洗在喷砂设备中进行，用速度为 30～50m/s 的压缩空气把碎骨喷向需清洗的表面，此时碎骨很容易破碎并除下油污，但又不会损伤被清洗的表面。即使有些碎块遗留在零件上，这种情况对总成的工作也没有危险，因为它很容易被碾成粉末。

碎骨按其尺寸分为 3 种等级——粗的、中等的和细的。粗碎骨用来除去最坚固的污垢（积炭、水垢），而中等的和细的碎骨则用于除去其他污垢。

为了保证装置正常工作并预防碎块破碎，应保持体积分数为 15%～20%的含水量。用碎骨清洗时，零件应预先进行一般的清洗以清除易于去除的污垢，并进行干燥处理，这对保持碎块的温度和松散性是十分重要的。零件上的沟槽和空腔需用塞子堵住，以防碎块把它们堵住。

3. 振动磨料清洗

振动磨料清洗是把要加工的零件和加工介质都放在一个可传递振动的容器中。零件和填充物接收振动，于是它们按给定的振动频率开始运动。振动磨料清洗和加工能保证：清洗表面达到很高的表面粗糙度和良好质量；消除在使用过程中表面层发生的残余拉应力，并引起残余压应力，从而提高零件的坚固性；提高表面层的显微硬度并沿零件厚度方向形成较均匀的硬度分布等。

4. 熔盐清洗

在熔盐和熔碱中清洗零件的方法，在修理美容企业中被广泛应用来清除氧化铁皮和焦皮。在熔盐中清洗零件，其实质是：在温度为400℃±10℃，质量分数为65%氢氧化钠、质量分数为30%硝酸钠和质量分数为5%氯化钠的熔体中处理零件。在熔体中积炭的沉积物被充分氧化，而水垢则由于它所含成分的体积和结构变化而破裂。腐蚀和氧化铁的产物同时被清除，零件得到钝化处理。通用的清洗过程包括四个作业：在熔体中处理、在流动水中洗涤、在酸性溶液中浸蚀和热水中二次洗涤。

熔盐清洗方法必须采用熔盐装置，这种装置必须具备很强的防腐蚀性，对这种装置的保养要特别认真遵守安全规则。在熔盐中清洗零件的方法可以使清洗在高度机械化和自动化水平的情况下进行，大大提高了生产率。这种方法适于在年修理美容计划超过5000台发动机的大型企业中采用。

课题3 整车清洗

整车清洗是指对汽车车身外部、车身内室和一些部件总成或系统的外部，进行消除尘土和污垢的清洗。

一、整车清洗的分类

整车清洗按清洗性质不同，可分为护理清洗和维修清洗。

1. 护理清洗

护理清洗主要是为了提高汽车的使用寿命和装饰性能，使整车保持整洁、靓丽的状态。

2. 维修清洗

汽车经过一段时间的使用与运行，会出现某种的缺陷，因而需要进行必要的维护与修理，这时对汽车所进行的清洗叫维修清洗。目前市场上所实施的汽车维修清洗可分为拆卸清洗和免拆卸清洗。

1）拆卸清洗是在清洗过程中，对汽车或汽车的部件进行拆卸、清洗、修理和组装的过程。在传统的汽车维修作业中，拆卸清洗是必不可少的工序。

2）免拆卸清洗是利用先进的清洗剂和适当的设备，对汽车的某些部件或总成进行的免拆维修清洗。例如发动机和空调系统的免拆维护和清洗。

二、整车清洗的方法

典型的整车清洗工艺流程为：冲洗→擦洗→再冲洗→干燥护理→检查验收

1. 冲洗

整车清洗的第一步是冲洗。其操作步骤如下：

1）冲洗前，应由操作者引导车主把待清洗的汽车开到洗车间的洗车位置，并停放平稳，拉紧手制动，使发动机熄火，关好车窗和车门，车内不要留人。

2）由两人配合冲洗车身。先将车内脚垫撤出，用高压清洗水枪冲洗车身上的污物，从车顶开始，依次逐一向下冲洗。在冲洗过程中，要始终由一个方向向另一边的斜下方向冲洗，不要正向或反向冲洗，以防止泥砂倒流回已冲洗过的部位。在冲洗时，对车身下部、底部、车门框下部、前后保险杠与车身相连接处等部位容易藏污纳垢的部位，进行重点冲洗，不能残留泥砂等物，以防擦洗时，划伤车身涂膜。

当甲操作者冲洗车身时，乙操作者应用大号软纤维毛刷刷洗脚垫。在对脚垫清洗时，必须根据脚垫材质采用相适应的清洗剂和清洗方法进行清洗。如果脚垫是用橡胶板制成的，则可先将脚垫拆出暂放一边，用半湿毛巾擦拭内室部件，对驾驶室和乘座室进行清洗，并擦拭干净。然后用水冲洗、擦洗脚垫，并擦干脚垫。

冲洗速度应根据冲洗所用的设备、工具和被清洗车的表面状况，以及操作者的技术水平等因素而定。如果采用小型清洗设备，那么清洗速度慢，时间长；如果采用冷、热水高压清洗机，用喷枪冲洗车身表面，清洗时间只需 2～3min。

2. 擦洗

车身的擦洗一般有两种方法：人工擦洗法和机械擦洗法。

机械擦洗法是利用洗车机上的滚刷对车身进行擦洗，速度较快。人工擦洗法则利用人力操作，速度较慢。

人工擦洗法是在冲洗完车身后，按擦洗要求，准备好擦洗用的洗车液、擦洗工具和材料。将洗车液装入喷雾器，对车身均匀喷洒洗车液，喷完一遍后，二人各持一块大海绵，一左一右，呈“S”形按照从上向下的顺序擦洗车身。

若无喷洒设备和工具时，也可用干毛巾蘸上洗车液均匀涂于车身表面。还可用海绵蘸上洗车液进行擦拭。总之，可根据实际条件，采用适当的方法。

擦洗的目的是将车身上的污物、印迹擦除。擦洗的质量要求是擦除干净，无遗漏、涂膜无划伤。

3. 再冲洗

再冲洗的目的，是将擦洗后的车身再冲洗一遍，操作方法和顺序与第一次冲洗相同。前述冲洗操作，是进一步将车身冲洗得更清洁，以达到彻底清洗的目的。再冲洗后，车体应无泥砂，无污垢，无漏擦之处。

4. 干燥护理

再冲洗后，应由甲乙两位操作者各持一块半湿大毛巾，将整车从上到下、从前到后擦拭一遍。然后，用麂皮仔细将车身再擦拭两遍。使车身应无水痕，并且是十分干净的。

在进行擦拭时，汽车门边、发动机盖、行李箱边沿及油箱盖内侧等处，应先用半湿毛巾擦拭，然后再用干毛巾擦拭，最后用麂皮擦拭两遍，直到彻底擦净为止。

干燥护理操作时，甲乙两位操作者应分工协作。甲操作者用洁净的半湿毛巾擦拭风窗和门窗玻璃，然后用抛光巾再认真擦试一遍，这样可使风窗和门窗玻璃靓丽清透。然后再对轮毂及汽车底部进行擦拭，除尽泥砂、污物，以达到洁净的要求。

当甲操作者擦拭车身外部的同时，乙操作者同时用吸尘器将车内的尘土由上至下吸一遍，对仪表板、座椅缝隙处、地毯边沿和地毯表面的尘土异物应彻底吸除；将烟灰缸内的烟灰、异物倒掉；垫好洗净的车内脚垫。

在擦拭完之后，车子表面虽无水痕，但并不十分干燥。此时，可用干净的压缩空气将车身进一步吹干，以便进行打蜡护理。

上述各道工序全部操作完成后，将亮光蜡涂抹在车身表面，并进行抛光，这样可以在汽车涂膜表面形成一层光亮的保护膜，能有效防止漆膜氧化、酸蚀和雨水的侵蚀。这样既能提高车身外表的装饰性，又起到对涂膜的保护作用，可延长汽车的使用寿命。

三、汽车的机械清洗

汽车的机械清洗比人工擦洗法先进，也更具优越性。由于采用的机械清洗设备的种类不同，清洗效果也就存在较大的差异。目前广泛采用的机械清洗方法有：电脑洗车和冷热水高压清洗。

1. 电脑洗车

(1) 电脑洗车设备　利用电脑洗车设备对汽车进行外部清洗。电脑洗车设备种类很多，后面章节将具体介绍。

1）按设备外形分类，可分为隧道式、1+1式和龙门式。

2）按设备大小分类，可分为大型电脑洗车机和小型电脑洗车机。

3）按电脑控制的自动化程度分类，可分为全自动电脑洗车机和半自动电脑洗车机。

(2) 电脑洗车步骤

1）寻找汽车的污秽部分。

2）做好洗车准备，开始清洗（分人工及机器清洗）。

3）人工清洗完毕后，汽车进入洗车机的内部。

4）洗车机开始喷水，喷完水后，滚刷开始运转。

5）滚刷清洗车身右侧、左侧及上侧。

6）清洗完成后开始喷水蜡，洗车机将水蜡擦亮。

7）最后将车风干，即完成一次洗车。

(3) 电脑洗车注意事项 电脑洗车分为半自动与全自动电脑洗车两种。两者的共同点是：驾驶员将待洗的汽车驶入洗车机的车道中，发动机熄火，拉起手制动，驾驶员可离开车内也可留在车内，紧闭车门、车窗。不同点是：半自动，需要人工操作洗车机上的功能按钮；全自动，只要洗车场人员或驾驶员按下机器上的起动按钮即可全程功能操作。操作中应注意以下事项：

1）驱车进入洗车道，要将汽车确实停放在洗车道中所设计的位置。

2）无论是半自动还是全自动洗车机，除应将车门、车窗紧闭外，车内最好不要有人滞留（因为有些车的防渗水功能不佳，容易在清洗过程中造成渗水进入车内，人员服装溅湿）。

3）在未开始清洗前，先告诉清洗场工作人员（当然清洗场工作人员有时也会告诉您），要不要加水蜡一起清洗。

4）如果来不及用手工或机器打蜡或存在价位问题，建议用水蜡一次清洗解决。但如无上述因素，则务必不要一次解决，因为水蜡在清洗过程中同时也清洗了各处的玻璃，晴天不觉得，一旦下雨因水蜡附着在玻璃上，尤其前挡风玻璃，在雨刷的作用下会造成模糊视线。

5）电动洗车机洗完后的车，都会由洗车机上的压缩空气吹干。为避免汽车防渗水功能不佳造成车门缝滴水，车主在进入车内将汽车驶出洗车道时，最好先将车门与车顶间的接缝处所渗的水擦干，否则会滴在身上。

6）因刚洗完车，车轮还存留部分水分，所以对于刚洗完的车子在刚起动行驶时应慢速行使，使水分被地面逐渐吸收后再高速行驶，才不致使灰尘再度附着在车轮上。当然，最好的方法就是让汽车风干，不要急着开走，一来可以使水分蒸发，又可避免灰尘重新沾到车轮上。

7）电动洗车的清洗媒介物不是我们常见的布、绵等质软、不易刮伤的工具，而是一种类似塑胶的长丝条。经验指出：长期使用电动洗车机来洗车，易使车身漆面损伤。所以目前这种洗车方式渐渐少了，大多改用人工洗车，一来可清除一些电动洗车无法清除的地方，如车轮弧内及凹缘；二来可发现一些受损的小痕迹，可立即补救，避免后遗症。

8）使用电动洗车机时，因洗车机的清洗位置都与汽车的高度有关，像出租车顶上的标牌高度与后行李箱上扰流板，必须有相关人员加以照管。

9）另一种电动洗车机在清洗前，车主应先完成收天线、挂空挡、放开手制动、勿踩脚制动等动作。

10）洗车前，必须按照事先约定的具体要求，制定好洗车工艺流程。

11）采用电动洗车机洗车时，会有部分死角；如车轮弧内及凹槽等处，还需配合人工清洗。

12）采用电动洗车机洗车时，对一些比较隐蔽处的小缺陷，一般难以发现，若得不到及时的修补处理，会留下扩大损伤的后患。

13）在清洗时拆下的有关零部件，清洗完后还需重新安装好，因而增加了拆、装和保管等工作量。同时，有的零部件在拆、装过程中，还容易发生损伤，影响使用寿命。

14）目前的电动洗车机系列，其结构上大同小异，但适用的车型、具体的操作方法均不尽相同，在使用时，必须认真阅读设备的使用操作说明，以免发生误操作造成损失。

2. 冷热水高压清洗

利用冷热水高压清洗机对汽车进行清洗。这是一种小型轻便的清洗设备，操作灵活，使用效果好。高压水流的压力和流量均是可调的，可根据清洗的要求进行调节。热水的温度也是可调节的。在现代的高压清洗机系统中，有各种相配套的装置，如水加热装置、洗涤剂供给、防腐剂供给等装置，备有各自控制和保护系统，同时还装备有获得各种不同形式液流的全套喷嘴，这些装置可完成冷水或热水、加洗涤剂或不加洗涤剂、低压或高压等各种不同需要的清洗作业。

因冷热水高压清洗机结构紧凑，安装在小车上，使用操作灵活方便；用热水冲洗比用蒸汽清洗效率高，成本低；可避免使用化学药品和试剂，有利于环境保护；清洗质量好，用热水冲洗，有利于将油污、泥土去除，同时，不会对涂膜表面造成损伤，清洗质量高。

由于这种清洗方式简便灵活，可适用于各式车辆和零部件的清洗。如大、中、小型车辆的车外、车内清洗，部件和零件清洗，除尘、除污清洗，新车开蜡，车辆的护理美容等均可使用。

冷热水高压清洗的操作要点：

1）先对清洗的汽车进行表面检查，了解本身表面状况，制订必要的清洗工艺。若车身表面污物不多，以浮尘、泥土为主，可选用冷水冲洗的工艺；若污物较多，还有油垢等，可采用高压热水冲洗工艺。

2）对清洗机进行检查，使设备处于正常状态，准备好有关工具和材料。接通清洗机用的水源、电源，起动清洗加热装置，使喷枪能正常喷出70～80℃的热水，用于清洗。

3）将高压喷枪的压力控制在10MPa左右，用75℃左右的热水，对车身外表，从上向下冲洗一遍，可清除车身上的砂粒、污泥等。用高压热水对车顶、前后风窗玻璃、侧窗玻璃及通风口，依次逐一冲洗。用高压热水冲洗车门、门饰板和饰条。用高压热水冲洗发动机盖板、前围、保险杠、翼子板、轮罩和车轮。用高压热水冲洗车身行李箱盖板、后保险杠、后翼子板、后轮罩、后车轮和底盘。用半湿毛巾将热水冲洗后的车身，按前述热水冲洗的顺序擦拭一遍，擦尽所有的污物残垢，尤其是边沿、缝隙、沟槽等不易冲洗的部位更应进行认真仔细地擦拭，不得有遗漏部位。越接近收尾的工序，越要认真操作。用柔软的干毛巾，按前述的顺序再对车身认真擦拭一遍，要边擦边检查，使车身无任何残留的污物和痕印，达到整洁、干净，即完成了全部清洗操作。

课题4 汽车大修清洗和零件清洗

汽车在作大修进厂之前，需要对汽车外部和解体的内部零件进行清洗，这在汽车进厂检验中是有规定的。

一、清洗的目的

汽车在解体之前对外部进行清洗的目的是为了清除外表的灰尘、泥土和油污，同时可及时发现外表缺陷，以便针对缺陷进行修复，便于拆卸工作顺利进行，并保持拆卸场所的清洁。

二、汽车大修清洗的工艺要求和工艺过程

1. 工艺要求

1）要求清洗设备或装置结构简单，便于维修，占地面积小。

2）投资少，操作简便，使用可靠。

3）清洗效率高，质量好。

4）对清洗车型和使用季节适应性强，并配有污水的处理、回收及排污装置。

2. 工艺过程

汽车大修工艺过程如下：

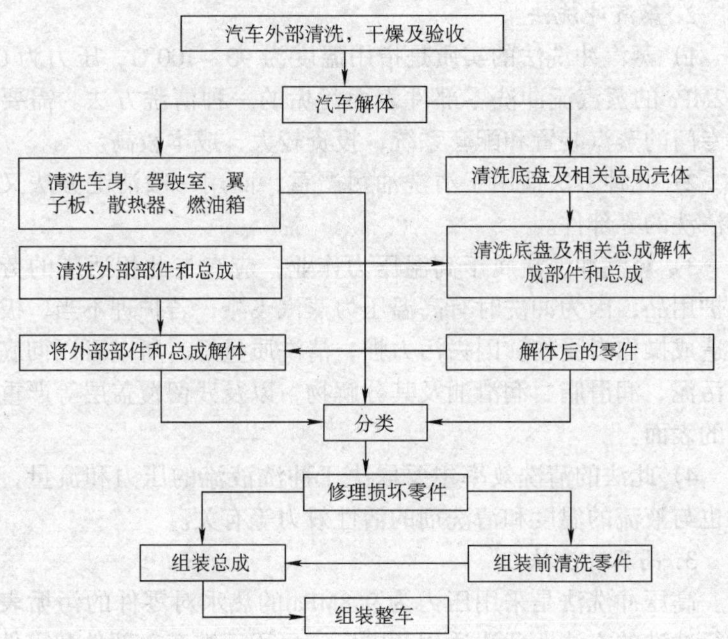

三、汽车零部件的清洗方法

汽车彻底解体后，零件表面免不了有油污、积炭、铁锈和水垢，必须进行清洗。而清洗的方法和质量，又直接影响零件的可靠性、修理成本和装合后的使用寿命。

汽车零件清洗的主要目的是为了清洗油污、清除积炭、清除水垢。常用方法有：

1. 液流冲洗法

1）液流冲洗法的实质就是使洗涤液对零件表面的污垢起机械的、热的和物化作用，使之脱离零件表面，达到清洗的目的。适用范围广，使用灵活，操作方便。

2）冲洗时，洗涤液流走时，也顺便将污垢等从清洗区带走，不产生二次污染。清洗效率与洗涤液的性质、温度和压力等有密切关系。一般是洗涤液的去污效果最佳，冲洗温度在正常范围内，产生的冲击力（即压力）越强，则洗涤效率越高。

2. 蒸汽冲洗法

1）蒸汽冲洗法的实质是指用温度为90～100℃、压力为0.5～2MPa的蒸汽流冲洗零部件表面污垢的一种清洗方法。需要配置专门的蒸汽装置和配套系统，投资较大，成本较高。

2）此种方法适用于清洗油污严重，而用一般清洗方法又不易清洗的零部件。

3）蒸汽冲洗法属于高温压力作业，应有与此相适应的劳动保护用品，因为冲洗时有高温压力蒸汽飞溅，若护理不当，极容易造成操作者受伤。因去污力强，清洗质量好，所以可以彻底清洗污泥、润滑脂、润滑油及其分解物，以及残留覆盖层等严重污染的表面。

4）此法的清洗效率主要取决于冲洗液流的压力和流量，同时也与液流的温度和清洗剂的活性效力等有关。

3. 高压冲洗法

高压冲洗法是采用压力为9.8MPa的热水对零件的污垢表面进行冲洗的方法。此法适用范围广，可用于整车、部件和零件的清洗，清洗效果好，效率较高，使用方便。高压热水冲洗法的特点是：

1）效率高，成本低，不损伤油漆表面。

2）冲洗设备采用高压清洗机，可提供高压热水，并且热水温度可调，一般使用的热水温度在75℃左右；不用热水冲洗时，还可用冷水进行冲洗，适用范围广。使用高压水冲洗时，可不用清洗剂，因而可避免使用化学药品和试剂，因此不污染环境。

3）设备及材料种类较多，有各种专门的水加热器，高压冲洗液流压力调节、液流流量调节、自动控制和保护系统、可获得各种不同形式液流的喷嘴以及洗涤剂和防腐剂等。采用此法可完成冷热水、加洗涤剂和不加洗涤剂、低压或高压等各种不同状态的清洗作业需求。所以，在清洗时，应根据清洗作业的需要，选用最适合的清洗设备及清洗材料。

4. 浸入式清洗法

浸入式清洗法是将待清洗的汽车零部件，浸入到特制的装有清洗液的容器中，有的辅以动力装置驱动（如超声波）进行清洗的一种方法。适用于外形复杂，而且具有不同污垢的设备及零部件的清洗，如车架、驾驶室、车身、以其数量较多的零件等。浸入式清洗法的特点是：

1）可以使用高效碱性合成洗涤剂，它有较强的起泡能力，对清除旧漆及除锈有较好的效果。采用各种乳化液，可以强化清洗过程。

2）设备结构简单，使用方便，经济性好。

3）采用此法清洗时，若将溶液加温到100℃，可提高最佳的清洗速度和清洗质量。采用此法清洗时，污物、油垢等会飘浮在溶液表面，当取出零部件时，若不采取相应措施，这些污物有可能粘附在清洁的零部件表面上，造成二次污染，因此要特别注意。

4）浸入式清洗法包括：压缩空气活化溶液清洗、螺旋桨活化溶液清洗、超声波清洗等方法。

5. 机具清洗法

机具清洗法是利用机具手工清洗，这种方法最简单，也最容易做到。适用于整车、零部件的全部清洗作业。这也是目前汽车美容行业使用最为广泛的一种方法。

机具清洗法的特点是利用常见的刮片、金属刷、磨块等工具，清除零件表面的锈蚀、污物和积炭。操作灵活，简单实用。操作时可根据清洗物的不同情况，选用不同的操作工具。例如：清除毛刺和松软的铁锈时，可选用由合成材料制成的刷子；清除钢和铸铁件表面的锈蚀时，可选用由低碳钢制成的刷子；清除黄铜和铜制品表面的污垢时，可选用由黄铜丝或青铜丝制成的刷子。清洗时应注意采用较慢的速度，以免损伤零件。

6. 熔盐清洗法

熔盐清洗法是在专门的熔盐或熔碱炉中，对零件的污垢进行清洗的一种方法。这种清洗方法一般是将需清洗的零件放入特定的熔炉中，用熔炉中的流动水进行洗涤，然后将其放入酸性溶液中浸蚀，最后再在热水中进行二次清洗。这种方法适用于大型维修美容企业，主要用于零件的清洗。

熔盐清洗法必须有熔盐装置，这种装置应有很强的防腐性能。清洗过程主要在高温（400℃ ± 10℃）的熔炉中进行。零件上的腐蚀物和氧化铁等物质被清除时，零件本身同时得到钝化处理。清洗时应遵守使用操作规程和清洗工艺流程，特别要注意安全防护。因其使用范围窄，所以受限制的条件较多。

7. 超声波清洗法

超声波清洗法的原理是利用超声波的交变声压；在液体介质中产生振动传播，使液体介质形成疏密状态，产生超声空化效应。当超声波的振动频率和强度达到一定程度时，则不断地形成足够数量的空腔，然后不断闭合，在无数个点上形成数百兆帕的爆炸力和冲击波，从而对零件表面的油污、积炭产生剥离作用，再加上清洗液的热力和化学作用，以获得良好的清洗效果。

超声波清洗用的清洗剂大致有水基和非水基两种。非水基清洗剂，存在易燃易爆（石油系和醇系）、对人体有害（氯系）、费用较高（代氟）等问题；水基清洗剂对油及亲油污垢的溶解力和分散力不够，必须在水基清洗剂中添加表面活性剂和适当的碱类物质，以改善其去污能力。超声波清洗设备一般都是专用的，可根据清洗的需要而设置（例如电喷发动机喷油嘴超声波清洗机）。

8. 无水洗车法

目前，汽车美容市场流行一种无水洗车法。其实质是利用无水洗车液（特制洗车剂）与体积分数为98%的高压空气相混合，以适当的压力对零件的表面进行喷洗，将零件表面的泥土、污垢轻松除掉的清洗方法。因洗车后地面上无流水，故称无水洗车法。适用于车身油漆表面、内饰、轮胎、底盘、发动机等部位的清洗养护。

据调查，无水清洗法可节约用水98%左右；并且洗车、打蜡、抛光作业可一次完成，效率较高，具有良好的经济效益。在天冷的季节，如能配备加温系统，也能满足随时洗车的要求。利用无水清洗后的零件表面，形成一层高分子保护膜，可保护漆膜、防静电、防雨雪浸蚀、防漆膜老化，还可延长使用时期，并可有效地覆盖漆膜表面的轻微划痕。真正使汽车得到“美容”的目的，而且不会造成环境污染。

课题5 汽车的内部清洗

汽车的内部清洗主要包括驾驶室、乘客室、发动机室和后部的行李箱室的清洗。

一、汽车内部清洗的分类

1. 按清洗要求分类

可分为一般清洗和彻底清洗两种。

(1) 一般清洗　当汽车内室比较整洁，只是有很少的浮尘和碎屑时，可只作日常的清洁护理，也就是一般的清洗。用吸尘器进行吸尘处理，即可达到清洁要求。

(2) 彻底清洗　汽车经过较长时间的运行，室内已经积累了较多的尘土、污物和油迹，如果作一般清洗已不能达到要求，必须进行彻底清洗，才能达到清洁的要求。彻底清洗时，常用一些专用设备，如吸尘器、清洗机、喷洒抽洗机、吸尘吸水机等，并配合清洗剂及辅助材料等进行清洗。

2. 按清洗方式分类

可分为手工擦洗和机具清洗两种。

(1) 手工擦洗 操作者先用清洗剂对清洗部位进行涂抹，然后用半湿毛巾擦拭一遍，最后再用干的清洁毛巾擦拭一遍，使内室达到清洁的要求。

(2) 机具清洗 这是目前广泛采用的清洗方法。先利用机具对清洗部位喷洒清洗剂或清水，然后对清洗部位冲洗或冲刷一遍，再用吸尘吸水机抽吸一遍，最后用干净毛巾擦干。也可用压缩空气或热风吹干，从而达到清洁的要求。

二、汽车内部清洗的主要内容

汽车内部清洗的主要内容有：发动机室的清洗；内室的全面清洗；仪表板、转向盘的清洗；冷气出口的清洗；车门内侧的清洗；真皮制品的清洗；车内丝绒制品表面的清洗；行李箱的清洗；内室除异味、杀菌处理；进气系统的高效清洗。

1. 发动机室的清洗

清洗发动机室可用柴油或煤油清洗、高压水枪清洗、高压空气清洗等方法清洗。

清洗发动机或发动机室时，应先将发动机熄火，使所有电器停止工作，并使发动机室温度下降，千万不可在高温下清洗。

(1) 柴油或煤油清洗法

1) 清洗前先用布或纸将遇油易变质的物品遮盖好，如高压线、电路线路等部位。

2) 将柴油或煤油装在压力容器内，再将其喷洒在发动机室内油污处。

3) 喷洒后稍等片刻油污溶解。

4) 油污溶解后，用干净的布擦除污物。

5）擦除污物后，可用高压空气枪吹干，如无高压空气枪，可用车用打气机吹干。

（2）高压水枪清洗法

1）打开发动机盖，将分电器、制动油壶、蓄电池和水箱盖用布遮盖。

2）用高压喷水枪喷洗发动机及其污秽处。

3）用高压喷水枪喷洗前挡风玻璃下的风道口。

4）喷洗前挡风玻璃与发动机室隔热空间，清除树叶、污泥和灰尘。

5）用高压喷水枪冲洗水箱、散热片及冷气冷凝器散热片，去除树叶、蚊虫，先从里往外冲洗。

6）用高压喷水枪冲洗左右车轮挡泥板、发动机室内排水孔，并将树叶、污物取出。

7）用高压喷水枪冲洗发动机室内侧支撑条内的污物和尘土。

8）用高压空气枪或车用打气机吹除火花塞孔内的砂粒。

9）取下遮盖布，并用清洁的布将发动机室各部位彻底擦拭干净。

（3）高压空气清洗法

1）用高压空气枪吹除发动机室内的油污。

2）用高压空气枪吹除空气滤清器外壳上的灰尘，尤其是中央固定螺栓凹缘处。

3）用高压空气枪吹除火花塞凹孔内的灰尘。

4）用高压空气枪吹除发动机四周的附件，如蓄电池、下挡泥板等部位的污泥、尘土、异物。

5）用高压空气枪吹除冷凝器、水箱散热器上的污物、尘土。

6）用高压空气枪吹除两旁排水孔的污物。

7）用高压空气枪吹除风扇上的污物。

8）打开空气滤清器上的盖子进行清除工作。清扫时要用布将化油器上顶部塞住，以防灰尘进入。

9）清除空气滤芯上的尘土。

(4) 简单清洗法

1) 将车用空气机接上吹气嘴。

2) 将空气机电源插头插入点烟器中，或用直流变换器也可，但不能起动发动机。若蓄电池电源不足或太旧时，可改用直流变换器或起动发动机。

3) 打开发动机盖的拉柄。

4) 用空气机清洁发动机室盖内凸条及凹孔内的污物。

5) 吹除空气滤清器盖上及凹孔内污物。

6) 吹除发动机室隔热槽内的污物。

7) 吹除火花塞凹孔内的污物及砂粒。

8) 吹除排水孔内的污物。

9) 吹除水箱、冷凝器散热片上的污物。

10) 打开空气滤清器固定螺钉，取下空气滤芯。

11) 使用车用空气机清洁空气滤清器（由内向外），外壳内如有灰尘可用湿布擦去，千万不要将尘土带入化油器孔内，可先用清洁的布将化油器孔盖住。

12) 使用吸尘器吸除空气滤芯外侧上吸附着的污物。

2. 内室的全面清洗

(1) 内室比较整洁时的清洗

1) 内室比较整洁，局部有污迹或尘土、纸屑等，可先用吸尘器把内室的尘土、纸屑清除。

2) 对于污迹，可用表面活性剂为主要成分的清洗剂清洗。

3) 对窗框等铝制品饰件清洗，若从防腐角度考虑，可采用浓度在 0.15mol/L 以下的无机碱洗涤剂或肥皂粉清洗。用于车内的碱性洗涤剂应配以偏硅酸钠，这样不仅可以提高洗涤性能，而且对铝制品有缓蚀作用。

(2) 内室污染严重时的清洗　内室污染严重时，要按下述方法进行彻底清洗。

1) 拆出地毯、脚垫、座椅套（垫）、头枕套等纺织品，分别整理，用工业洗衣机清洗，用地毯脱水机进行脱水，再用蒸汽消毒机进行消毒处理，最后用烘干机烘干。当然，数量少而又无以上设备时，可以刷洗或冲洗，然后风干或晒干。

2）对地板、内护面和门内板、后货箱、人造革座椅、仪表板蒙皮、顶盖内衬等部位，可用仪表板清洁剂进行清洁处理。具体方法是：

① 将清洁剂喷涂到待清洗物表面，用软布轻轻擦拭即可。

② 清洗后，能保持物品的光泽，使灰尘无法沾污。

使用此清洁剂时，要特别注意消防安全，不要喷涂到转向盘和座椅的支撑处，即不要与金属制品的金属表面接触。

3）对车内的丝绒、化纤织品可用多功能清洁柔顺剂进行清洗，使用方法参见产品说明书。

4）对内室玻璃制品的清洗可用玻璃清洗剂直接喷涂到玻璃表面，然后用干净的抹布擦干净即可。此清洗剂能去除玻璃表面上各种凝固的沉积物，如润滑脂、油漆等。清洗后，玻璃表面清洁光亮。

5）对车内安全带进行清洗。一般可用淡肥皂水擦洗。必须注意：卷带前，安全带必须干透。不能用化学方法清洗安全带，否则会损伤安全带。

6）将拆下清洗的物品按原来的要求安装好。

3. 仪表板、转向盘的清洗

仪表板和方向盘的蒙皮，一般都是用人造革制作的，在高级轿车中用真皮制作。因它上面有很多仪表，所以在清洗时要特别注意，应选择适当的清洗剂，可选用全能泡沫清洗剂进行清洗。

4. 冷气出口的清洗

空调系统的蒸发器中极易滋生霉菌，可采用空调系统高效空气净化剂清洗。直接将高效空气净化剂喷在蒸发器上，便可迅速杀灭霉菌，消除异味，使车内的空气清新。使用方法如下：

1）关闭汽车门窗，起动发动机。

2）将空调系统冷气控制开关设在“正常”位置上，风扇置于“高速”位置。

3）在进风口处向进风口喷入高效空气净化剂，持续 10～12s。

4）喷射后关闭发动机和空调系统。

使用时应注意远离火源、热源，密封保存。

5. 车门内侧的清洗

车门表面有漆面、玻璃、橡胶密封条，还有塑料、人造革和化纤等材质制作的装饰物等，清洗时要特别注意选用适当的清洗剂和清洗方法。

一般选用全能泡沫清洗剂，清洗时必须认真仔细地清洗，不要出现有遗漏的部位。对于门上的玻璃，可用玻璃清洗剂清洗。

6. 真皮制品的清洗

1）选用合适的真皮清洗剂。

2）将真皮清洗剂喷涂在柔软的毛巾或无纺布上，用它均匀地涂布在真皮制品的表面。

3）用另外一块柔软的抹布将皮革制品表面上的清洗剂擦干。

4）10～15min 后（最好这段时间将真皮制品在阳光下预热或用 25℃左右的热风将真皮制品预热）再将摇匀后的真皮上光保护剂喷涂在柔软而清洁的毛巾上（不要太多），再用此毛巾均匀地把保护剂涂布在真皮制品表面，并立即用另一块柔软的毛巾或抹布进行打磨抛光。用小型抛光机配合细羊毛抛光垫进行抛光也可以，但必须选择好压力和速度，一般可采用低速低压抛光。

7. 车内丝绒制品表面的清洗

1）局部染上油污时，可用毛刷或干净的棉纱蘸取少量的清洗剂，涂布在油污处，然后进行刷洗或擦洗，最后用干布擦掉。选用洗涤剂时，要注意制品的材质，并注意干燥的速度，以快干为佳。

2）油污严重且面积比较大时，最好拆下，用清洗剂配合工业洗衣机、脱水机、干烘机进行清洗，干燥后按原样安装好。

3）油污严重时，也可选用多功能清洁柔顺剂进行清洁护理。使用方法和注意事项按产品说明书中要求执行。

8. 行李箱的清洗

行李箱一般都用人造革或化纤制品作衬垫，因此，可选用464皮革乙烯材料清洗剂进行清洗。使用时只需将此清洗剂均匀地喷涂到需要清洗的部位，然后用干净的软布擦干即可。

9. 内室除异味、杀菌处理

1）喷洒空气清新剂，可直接喷洒在车室内。使用及保存时要注意防火。

2）选装清洁车内的空气设备。如选装“车立净”汽车空气滤清器，应将其固定在空调设备的空气进口或出口处，使进口或出口处的空气经过此设备而起到过滤净化的作用，达到除异味、杀菌的效果。注意：此设备本身无动力，没有空调装置的车不能选用。

10. 进气系统高效清洗

1）拆下滤清器盖，把滤网拿出，用压缩空气由里向外吹除尘粒异物等。

2）吹净后，检查滤网等有关零部件是否有破损，破损的应换新件。无压缩空气时，可用水冲洗，冲洗后零部件需烤干或晾干，然后进行组装。

3）对进气口到滤清器之间的进气管，也须进行冲洗，除去管中的沙尘和异物。

课题6 汽车免拆清洗

汽车的免拆卸清洗，是汽车维护与保养的新观念。它与传统的汽车保养相比，具有操作便捷，节省人力和时间等优点。

一、汽车免拆清洗的特点

1. 传统的汽车维护观念

传统的汽车维护，即定期维护和大修难以达到原有的性能要求，在维修和保养过程中，通常采用的是拆卸检查和维修方式。由于维修时间长，维修效果不好，往往是拆修一次，性能降低一次，使车况下降，既不经济又浪费时间。特别是发动机的动力和传动系统，由于结构复杂，要求精密，所以维修时将耗费相当长的时间和大量财力，而且不一定能达到使用要求，反而使原来的缺陷日益严重，甚至影响使用寿命。

2. 汽车维护的新观念

以高科技为依托，广泛应用汽车维护新产品，可延长汽车的使用寿命，降低故障发生率，提高汽车利用率，使汽车使用寿命超过设计寿命，实现汽车使用全过程无大修，即运行一定公里数后，一次性对汽车报废处理。

汽车维护新观念的主要特点是：

1）以高科技为依托的汽车维护新观念。通过高科技的维护方法和维护产品，来实现对汽车的维护，而不必拆卸发动机等动力和运动系统，使维护工作更简单、更经济、更科学、更可靠。

2）汽车的维护核心是发动机的维护，特别强调保持发动机内部清洁，改善润滑条件，提高抗磨、抗高温、抗氧化，清除和抑制发动机内部积炭等沉积，清除化油器、喷油嘴、燃烧室等处产生的积炭，使发动机在极低的磨损状态下运行平稳畅顺，保持强劲动力。

3）重视冷却系统和空调系统的防锈、防腐蚀、清除水垢；重视系统各运动部位的润滑维护，降低磨损，保持运动平稳。

4）确立“三分修、七分养”的汽车维护新原则，依靠现代化的维护方法、高科技的维护技术、高品质的维护产品，注重汽车的日常维护，可使汽车保持在良好状态，从而延长汽车的使用寿命。

5）维护效果显著，经济实惠。利用免拆卸清洗方法，能快速解决渗漏、气缸窜气、起动不畅、加速不良、抖动、耗油量大、迟滞、喷油嘴粘滞、阻塞等毛病，一般只用几分钟至几小时即可排除，而所花费的费用只占传统方法的30%～40%。

6）有利环保。免拆卸清洗技术，所使用的维护用品都经过严格检测，不含铅、氯等有害物质，符合环保要求。这些新产品不会对人体和环境带来任何副作用，更不会引起铅中毒。经测定，汽车尾气排放中，CO 体积分数较原来降低 20% ~ 50%，HC 体积分数降低 35% ~ 60%，烟度降低了 30% ~ 50%，完全符合环保要求。

二、免拆卸清洗产品的选用和鉴别

1. 选用原则

免拆卸清洗产品的选用和鉴别应根据汽车的不同部位、不同状况，正确选用相应产品，并按照使用说明书要求正确使用。要及时根据车况选用养护产品，不能等到大修时把它当成修理产品使用。存有机械损坏的零部件，只有修好后才可使用养护产品。否则，起不到养护作用。养护产品的“修复”功能是有限度的，只有轻微磨损才可以适当“恢复”。树立科学的汽车养护观念，车辆初驶时便开始坚持定期养护，才会取得“全程无大修”的最大效益。

2. 养护产品的鉴别标准

1）验证产品的科技水准是否真正具有减摩、修复、清洁功能动态组合、延长油品使用寿命及保护精密部件的综合作用。

2）验证产品的作用机理和使用效果是否如同说明书所介绍的那样真实体现。

3）验证产品的物理化学参数是否能够满足工况及汽车技术发展的需要，会不会产生使润滑油稠化、酸值增高、胶质积炭生成、使废气净化装置失效等副作用。

4）验证产品包装精劣，厂名、产地是否标明，有没有商标、商检和质量鉴定的证书，以及产品系列化程度和品牌声望是否具有综合实力。

三、常用的免拆卸清洗产品介绍

1. 发动机免拆卸清洗产品

发动机免拆卸清洗产品主要有：JB 超级车圣 ET—33P；发动机促进剂 ETU—4；车圣 HDV—23P；发动机强力修复剂 OTE—6A；中型发动机修复剂 OTC—6；润滑系清洁剂 OSC—9P（IEC—9)；润滑系清洁剂 OSC—9P（IEC—9)；发动机止漏剂 ESL—44；

水箱防锈剂 SR—1P（SR—1）；水箱止漏剂 RSL—2；水箱快速清洁剂 RC—3P（RC—3）；水箱冷却剂 RC—22P；汽车喷射系统清洁剂 IC—15P；化油器内部清洁剂 CC—8P（CC—8）；化油器超级清洁剂 PCC—88A；燃烧室润滑清洁剂 GT—7AP；进气阀清洁保护剂 VC—21P；408 喷油嘴清洗剂；206 进气系统高效清洗剂。

2. 底盘及其他部位免拆卸清洗产品

底盘及其他部位免拆卸清洗产品主要是针对自动变速器、离合器和空调系统的。例如：自动变速器止漏剂 TSL—5、自动变速器调节剂 ATC—55、离合器、制动清洁剂 BPC—20、超级空调系统内部清洗剂等。

四、免拆卸清洗设备

目前，免拆卸清洗设备主要是以进口设备居多，国产设备较少。例如 TL2002B 全自动多功能汽车积炭清洗机、GX—1100 燃油系统免拆清洗机、LX—3100 润滑系统免拆清洗机、WS—1800 冷却系统清洗机等。

应特别注意的是，目前免拆卸清洗产品和清洗设备及工具，相当一部分是从国外进口的，有美国、德国、意大利、日本等国的，往往各国公司的这类产品和设备都有各自的独特配方和要求，使用时，最好是成套使用，以免影响清洗和保护效果。选择清洗用品时，必须选择正规厂家的正规产品，不得选用伪劣产品，必须按产品使用说明书的要求进行操作，特别应注意使用条件和使用范围，以免出现不必要的清洗事故。

单元三　汽车美容护理品

课题1　清洁剂与护理香波

一、清洁剂

1. 万用清洁剂

(1) 特性

1）能够除去各种玻璃、漆面及金属制品上的污垢。

2）清洗过后不会伤害油漆面、塑胶及橡胶。

3）在使用过程中，不会出现滴流。

(2) 使用方法

1）将清洁剂喷涂在脏污的表面。

2）使泡沫停留1min左右。

3）用干净的抹布擦拭干净。

(3) 适用范围　主要应用于汽车挡风玻璃。

(4) 使用注意事项　在使用过程中，不要等到泡沫全部干后，才动手擦拭。

2. 制动清洁剂

(1) 特性

1）能够迅速清除污垢。

2）避免产生碾轧的噪声。

3）不含有毒物质，不会造成环境污染。

(2) 使用方法

1）将清洁剂喷涂在不洁净的零件表面，让其滴尽。

2）待其滴尽后用干布擦净。

(3) 适用范围

1）鼓式及盘式制动器、制动片、制动组件、离合器压板、风扇带、承受压力作用的组件。

2）其他离合器零件。

(4) 使用注意事项　此类清洁剂为易燃物，注意不要放在易燃处。

3. 车内仪表板清洁剂

(1) 特性

1）保持车内人造革及真皮革的光泽。

2）使灰尘无法沾污。

3）含有柠檬香味。

4）不会破坏漆面。

(2) 使用方法

1）将清洁剂喷涂在物体表面。

2）用软布擦净。

(3) 适用范围　主要适用于车门、仪表板，以及其他车内的合成橡胶、塑胶物质、真皮制品等。

(4) 使用注意事项

1）本清洁剂为易燃物，注意不要放在易燃处。

2）不可喷涂在驾驶转向盘、座椅支撑处。

4. 发动机外表清洁剂

(1) 特性

1）能除去较重油污。

2）呈碱性，含有缓蚀剂成分。

3）能快速乳化分解去除油污，且不腐蚀机体及其上部件。

4）水溶性好，可完全生物溶解，容易用水冲洗，不留任何残留物。

(2) 使用方法

1）将清洁剂用水稀释后喷洒在部件外表及油污处。

2）用适量水冲洗。

3）用软布擦净。

(3) 适用范围　主要适用于发动机外表及底盘等零部件。

（4）使用注意事项　本清洁剂呈碱性，必须用水稀释后使用。

5. 发动机清洁剂

（1）特性　能除去油脂污垢、废油及无用的酸性合成物。

（2）使用方法

1）令发动机停止工作。

2）将清洁剂喷涂在发动机及其周围的部分，让它完全渗透，约 2min 后，再用自来水注入清洗。

3）待全部干燥后，再喷涂“发动机漆面保护剂”来清洗。

4）洗毕后，如发动机因受潮而无法起动，则使用“超级 6 号”来处理。

（3）适用范围　适用于发动机外部。

6. 气门及化油器清洁剂

（1）特性

1）能除去积存在化油器、气门、气门座的积炭及污垢。

2）增进发动机进气的畅顺，避免功率消耗。

3）恢复气缸原有的压缩比。

4）降低一氧化碳的产生。

（2）使用方法

1）加油前，添加本清洁剂。

2）添加比例为 1%。

（3）适用范围　所有汽车发动机及化油器式内燃机。

（4）使用注意事项

1）本清洁剂为易燃物，但不含 CHC、铅、镉、多氯联苯、酒精及其他有害化合物。

2）不会造成环境污染。

7. 水箱除锈清洁剂

（1）特性

1）除去污垢、锈渍、泥巴沉积物，达到除锈、清洁的效果。

2）一罐 250mL 除锈清洁剂可稀释 12L 水。

(2) 使用方法

1) 使用前，排尽水箱内的水。

2) 同时注入水及本剂。

3) 使发动机不踩油门的情况下，发动 20min。

4) 排出水箱内的水及本剂。

5) 将水箱注入清水，同时添加水箱恒温防漏剂。

(3) 适用范围　汽车冷却系统。

8. 轮毂清洁剂

(1) 特性

1) 能有效去除毂上的油渍、氧化色斑，并清洁上光。

2) 本剂呈弱酸性，但对轮毂及轮胎无腐蚀作用。

(2) 使用方法

1) 把清洁剂喷涂在汽车轮毂上。

2) 用软布擦拭。

(3) 适用范围　所有汽车轮毂。

9. 多功能清洁柔顺剂

(1) 特性

1) 能对汽车内室及后备箱各部位进行清洗翻新。

2) 去污力强，尤其对丝绒及地毯表面可起到清洁、柔顺、还原着色、杀菌等功效。

3) 低泡清洗剂适用于喷抽机使用（因高泡会损坏真空泵），也可手工使用。

(2) 使用方法

1) 用喷抽机或手工喷洒适量清洗剂至需要清洗部位。

2) 用软布轻轻擦拭。

(3) 注意事项　高泡清洗剂不得利用喷抽机喷洒。

10. 全能泡沫清洗剂

(1) 特性

1) 本剂泡沫丰富，去污能力强。

2) 本剂能迅速分解油污，并能快速清除油渍污物。

(2) 使用方法　本剂适用于手清洗、擦拭。

(3) 适用范围　适于车内室皮革、绒毛表面、仪表台、转向盘、车内侧等部位。

11. 重油清洗剂

(1) 特性

1) 本剂是一种强力的、可乳化的溶剂型重油清洗剂。

2) 能有效地去除汽车发动机零部件底盘和设备上的重油污。

3) 本剂所含的特别成分能使污垢卷缩成胶束，胶束颗粒以快速分离的形式很容易用水冲洗干净，不会产生二次污染。

4) 本剂可吸收六倍其容积的油污，故可重复使用，对车体各部位无腐蚀作用。

(2) 使用方法　将本剂喷涂于油污处，然后将所形成的胶束用水冲掉，再用干布擦干。

(3) 适用范围　主要用于汽车发动机零部件底盘和设备。

二、汽车护理香波

1. 汽车清洁香波

(1) 特性

1) pH 值（酸碱值）为 7.0，呈中性。

2) 不腐蚀漆面，不脱蜡，伴有柠檬芳香味道。

3) 能清洗车身漆面，除油污，去静电。

(2) 使用方法

1) 用适量净水稀释。

2) 涂抹于车身漆面进行清洗。

3) 用干布擦净。

(3) 适用范围　各种车型的车身漆面。

2. 汽车清洁上蜡香波

(1) 特性

1) 本剂也称为清洁上蜡二合一，同时具备除油污去静电及给车身涂一层蜡膜护理上光的作用。

2) 本剂性质温和，呈中性，不伤漆面，不脱蜡，伴有芳香味。

(2) 使用方法

1) 用适时净水稀释。

2) 将本剂涂洒于车身漆面进行清洗。

3) 用干布擦净。

(3) 适用范围　各种车型的车身漆面。

3. 电脑洗车用高泡香波

(1) 特性

1) pH 值为中性，超浓缩高泡沫清洗剂。

2) 具备强有力的清洗功能。

3) 丰富的泡沫起到较好的润滑作用，可有效延长设备寿命。

(2) 适用范围　所有车型的车身。

4. 电脑洗车机用上蜡香波

(1) 特性　作为电脑洗车的最后工序，它通过将汽车表面除水提高干燥过程，并且清洗之后无任何斑点，在汽车漆面留下一层光亮蜡膜，起到护理作用。

(2) 适用范围　所有车型的车身。

课题 2　车　　蜡

1. 去污蜡

(1) 特性

1) 具有去污、除锈、防垢、保持光亮的功能。

2) 恢复漆面及金属面的鲜艳色泽。

(2) 使用方法　在不洁器具表面涂抹。

(3) 适用范围　汽车车身。

(4) 注意事项　不可在车身温热时使用。

2. 亮光蜡

(1) 特性

1) 光亮持久，品质稳定。

2) 在漆面形成保护膜，防止氧化、酸蚀、雨水之侵蚀。

3）使漆面不粘灰尘。

4）内含色彩鲜艳剂。

5）如漆面粘着污垢，请用“去污蜡”除垢后，再涂抹本品。

（2）使用方法　涂抹车身表面。

（3）适用范围　汽车车身、各种金属制品，如冰箱及木制品。

（4）注意事项　不可在车身温热时使用。

3. 保护蜡

（1）特性

1）以蜡为基础。

2）除去油污、柏油。

3）防止生锈。

4）产生稳定、防水的保护膜。

（2）使用方法

1）清净汽车。

2）完全干燥。

3）使用前摇动罐子。

4）均匀喷涂即可。

（3）适用范围　汽车的表面及槽沟。

（4）注意事项

1）不可使用在以桐油为基础的油漆面上。

2）本剂为易燃物。

4. 汽车底盘保护蜡

（1）特性　适用于漆基、橡胶、塑胶及 PVC 烤漆。可长久防止底盘腐蚀及碎石的碰击。可预防表面颜色的改变，达到隔音防锈的效果。

（2）使用方法　使用前先将底盘洗净，并用钢刷除锈，直到完全清洁及无锈情况下才可喷涂本剂。使用本剂前需用力摇动罐子，使内部化学剂能充分混合。

使用本剂仅需 3～8kg 的空气压缩机即可。

(3) 注意事项

1) 本剂为易燃物。

2) 使用时需注意保护眼睛、皮肤与呼吸系统。

3) 不可使用在排气装置、制动器及弹簧上。

4) 本剂使用时必须用酒精稀释。

5. 黄金镜面蜡

(1) 特性

1) 本品是一种高性能的护理型天然蜡，含有巴西棕榈和聚碳酸脂。

2) 对漆面渗透力极强，光泽如镜，保持长久，能有效护理汽车漆面。

(2) 使用方法　涂抹于车身漆面。

(3) 适用范围　适于新车及旧车抛光翻新后的漆面护理。

(4) 注意事项　手工打蜡和机器打蜡均可。

6. 抗静电蜡

(1) 特性

1) 本品是一种喷雾型上光护理蜡。

2) 能防止漆面静电的产生，最大限度地减少静电对灰尘、油污的吸附。

(2) 使用方法　涂抹于车身漆面。

(3) 适用范围　适用于汽车漆面、皮革、塑料和铬质表面的护理。

7. 彩色蜡

(1) 特性

1) 分为红、蓝、绿、灰、黑等5种颜色，即打即抛，省时省力。

2) 不同颜色的车使用相应颜色的蜡，对漆面起到修饰作用，可掩盖轻微细小划痕。

(2) 使用方法　涂抹车身表面。

(3) 适用范围　适用于各种汽车漆面。

课题3　保护漆与保护剂

1. 铝钢圈亮丽保护漆

(1) 特性

1) 以人造树脂为基础的材料。

2) 耐磨损、腐蚀、撞击、污垢，可提供持久的保护。

3) 喷涂后不会粘着灰尘。

4) 本剂为银色。

(2) 使用方法

1) 拆除轮胎、螺母。

2) 擦掉钢圈的铁锈。

3) 距钢圈表面25cm处进行规则的喷涂。

(3) 适用范围　铝合金制品的表面、钢圈。

(4) 注意事项　本剂为易燃物。

2. 塑胶漆

(1) 特性　喷涂后，可永保如新。

(2) 使用方法

1) 使用前，用力摇动罐子。

2) 清除表面的污垢。

3) 距物体表面20cm处，以交叉方式喷涂。

4) 用毕后，倒置罐子，放出罐内瓦斯，用丙酮洗喷嘴。

(3) 适用范围　汽车保险杠、挡泥板、扰流板、塑胶装饰板。

(4) 注意事项　本剂为易燃物。

3. 排气管保养漆

(1) 特性

1) 保护排气管，防止腐蚀。

2) 高耐热性，耐温可达700℃。

3) 高度粘着力，不脱落。

(2) 使用方法

1）使用前，摇动罐子。

2）彻底清净排气管的污垢。

3）距表面25cm处，以交叉方式喷涂。

4）20min后，再重复喷涂一次。

（3）适用范围　汽车排气管。

（4）注意事项　使用完毕，罐子需倒置，放出罐内瓦斯，保持喷嘴干净。

4. 发动机漆面保护剂

（1）特性

1）特殊透明性保护漆。

2）防止金属表面老化及沾污污垢。

3）保持发动机外观清洁。

4）使用温度范围自 -20～+800℃。

（2）使用方法

1）先用发动机清洁剂彻底洗净发动机表面，并干燥。

2）在发动机表面均匀地喷涂本剂约20min，全部干燥后，再喷涂一次，约20min后，待完全干燥后即可完成。

（3）适用范围　保持发动机及其配件的表面。

（4）注意事项

1）不可使用在以桐油为基础的油漆面上。

2）本剂为易燃物。

5. 电机接点保养剂

（1）特性

1）可免除蓄电池正负极通电时产生的氧化物。

2）防止酸性氧化物产生，因而无电压损失及电阻过大而升温。

3）保护及增加蓄电池的寿命。

（2）使用方法

1）先以苏打水清洁固定支柱及蓄电池接线柱。

2）在固定支柱及蓄电池接线柱上喷涂。

（3）适用范围　凡电流量为交流、直流的导柱及接头皆可适用，保护蓄电池通电顺畅。

6. 蓄电池接线柱保护剂

（1）特性

1）喷洒本剂，可形成一层长效性红色保持薄膜。

2）能耐高温，保持蓄电池接线柱及电线接头。

3）耐腐蚀、酸化及产生铅锌氧化物质。

4）导电性良好，防止过大电压降。

（2）使用方法

1）彻底清洁蓄电池接线柱及电线接头等。

2）使用前先摇均匀，再喷向蓄电池接线柱周围。

3）不可在有火源附近使用，使用本剂时勿吸烟。

（3）注意事项

1）因本罐为压力容器，应避免在阳光下或零上50℃温度下曝晒。

2）用完后，勿燃烧本容器或在容器上打洞。

3）勿喷洒在火焰或热物体上，用完的空罐，请立即弃于垃圾筒中。

7. 真皮保护剂

（1）特性

1）使发硬的皮革制品表面变得柔软光滑。

2）延缓皮革老化，提高光亮度。

3）伴有令人愉快的香味。

（2）使用方法　喷洒于皮革表面即可。

（3）适用范围　所有汽车皮革制品。

课题4　抛　光　剂

1. 强力抛光剂

（1）特性

1）本品是比研磨剂含颗粒更细的一种新型研磨材料。

2）能去除漆面较厚氧化层、划痕及喷漆时出现的“麻点”“垂流”等。

3）不含硅和蜡，安全用于喷涂车间和美容店。

（2）使用方法 均匀涂抹于汽车漆面（利用抛光机）。

（3）注意事项 用前先小试为好，配合抛光机使用。

2. 漆面还原抛光剂

（1）特性

1）本品比强力抛光剂研磨颗粒更细一些，能去除漆面中度氧化层和轻度划痕。

2）不含硅和蜡，安全用于喷漆车间，是美容店作汽车漆面翻新的主要用品。

3）本品所含油分在漆面抛光同时渗入漆内补充油漆失去的油分，起到护理增亮作用。

（2）使用方法 配合抛光机涂抹于汽车漆面。

（3）适用范围 汽车漆面。

3. 快速抛光剂

（1）特性

1）本品比中度抛光剂的研磨颗粒更细一些，具有去除轻微氧化层和上蜡护理双重功效。

2）作为抛光的最后一道工序，可用手工来完成，弥补机器抛光不匀、产生光环等现象，有增艳效果，又称增艳剂。

（2）使用方法 手工均匀涂抹于汽车漆面。

4. 玻璃抛光剂

（1）特性 能去除玻璃表面上沾染的柏油、油脂、昆虫尸体、污渍和发乌的氧化层等难以清洗掉的污垢。

（2）适用范围 常用于挡风玻璃、后视镜等部位。

5. 多功能抛光剂

（1）特性

1）去除金属电镀表面、玻璃等硬质表面发乌的氧化层，使其恢复原有的光泽，并形成一层极光亮的保护膜。

2）也可用在汽车漆面，使用快捷，特别适合新车售前准备。

（2）适用范围　各类金属电镀表面、玻璃等硬质表面及汽车漆面。

课题5　除锈、防锈剂

1. 汽车底盘防音防锈剂

（1）特性

1）以橡胶为基本材料的一种防锈剂。

2）用于汽车底盘的隔音、防锈处理。

3）具有防腐蚀、隔音效果。

4）喷涂在垂直方向的表面而不滴流。

（2）使用方法

1）喷涂汽车底盘表面。

2）如果汽车老旧，需先以钢刷除锈。

（3）适用范围　汽车底盘及前、后挡泥板。

（4）注意事项

1）不可使用在汽车变速装置、油箱、转向轴、差动器轴、弹簧通气导管、制动器及任何可转动的部分。

2）本剂为易燃物。

3）避免接触身体。

2. 透明保护防锈树脂

（1）特性

1）保护金属品，使其免于生锈、腐蚀。

2）保持原有的外观。

（2）使用方法

1）使用前，摇动罐子。

2）将小塑胶管插入车体的间隙处。

3）喷涂时，不断将罐子往复移动。

4）在喷涂过程中，如果不慎溅到漆面，可用汽油擦净。

5）用毕后，倒置罐子，放出罐内瓦斯，保持喷嘴干净。

(3) 适用范围 汽车门槛、头灯框、车门内部槽沟。

(4) 注意事项

1) 在常温下硬化时间需 1h。

2) 本剂为易燃物。

3. 二硫化钼防锈剂

(1) 特性

1) 除去强烈的铁锈及污垢。

2) 洗涤及榨出胶质及树脂污垢。

3) 在金属表面形成二硫化钼的保护膜，防止辗轧声，达到除锈、防锈、润滑的效果。

(2) 使用方法 将本剂对准需要除锈、防锈的物体喷涂。

(3) 适用范围

1) 任何需要除锈、防锈的物体。

2) 门铰链、铰环。

(4) 注意事项 本剂为易燃物。

4. 特级防锈剂

(1) 特性

1) 润滑油脂的防锈剂。

2) 防止点火线圈漏电，迅速恢复本来的特性。

3) 防止形成铁锈。

4) 除去强烈温气。

5) 保护表面，使新的污染无法形成。

(2) 使用方法 将本剂对准需要喷涂的表面喷涂。

(3) 适用范围 任何需防锈的物体。

(4) 注意事项 本剂为易燃物。

5. 干性防锈剂

(1) 特性

1) 干性的防锈剂。

2) 除去腐蚀。

3) 可与生锈部分产生氧化，使其永不再生锈。

4）长时间停留在物体表面而不消退。

5）耐温达 300℃。

（2）使用方法

1）先除去生锈、污垢、油漆。

2）涂抹本剂。

3）涂抹三层可永不生锈。

（3）适用范围　欲使任何已生锈的金属物体不在生锈时使用，尤以车身为佳。

（4）注意事项

1）本剂为易燃物。

2）本剂含二氯甲烷，避免吸入肺部及触及皮肤和眼睛。

6. 底盘防锈系列产品特性及使用范围

（1）锌喷剂　增强金属表面防锈防蚀功能，且有良好导电性，可用于点焊。

（2）铝喷剂　有防锈功能，耐高温到 650℃，可用于排气管、轮毂和铝金属表面。

（3）止锈底漆　是一种永久止锈剂，可防金属的再度腐蚀和锈斑，且颗粒微细，是很好的底漆，可用于车身各部位。

（4）SKS 防撞漆（黑色、乳白色）　此为水性，防止石砾的撞击而破坏底盘及烤漆脱落、腐蚀。可用于挡泥板、底盘、车门槛、后车厢内部及保险杠。

（5）防撞漆（油性）　此为油性，颗粒较小，可用于底盘、挡泥板、扰流板、车门槛、保险杠、后车厢等。

（6）喷雾式防撞漆　此为喷雾式，用于局部或细缝。工作快速、方便。使用前摇匀。

（7）车身防锈保持蜡（1000mL；500mL）　适用钣金接合的内部及车门内壁，翼子板及车门槛内的防锈处理，并有防潮去水的功能。

（8）硝化纤维表面涂剂　特别适用于轻微局部修补具有快干、迅速、便捷等优点。

课题6 护理剂

1. 皮革塑料上光护理剂

(1) 特性 本品含有能滋润皮革、塑胶的聚合物，可在皮塑表面形成一层保护膜，起到翻新、增光、抗老化的功效。

(2) 适用范围 可用于皮革座椅、仪表盘、车门内侧和保险杠等部位。

2. 表盘护理剂

(1) 特性 用于乙烯基表面的翻新整蚀用品，能及时光亮和润滑通道孔、电器闭合闸等表面；形成一层有效的保护膜，其柔和的光泽可长久保持。

(2) 适用范围 汽车仪表盘、转向盘等。

3. 轮胎增黑护理剂

(1) 特性 本品含有专门的聚合油脂，集清洁、增黑、抗老化护理于一体，能对轮胎表面提供长久的不受天气影响的光亮，恢复轮胎等橡胶件的自然光泽。

(2) 适用范围 汽车轮胎及保险杠、密封条等皮塑表面。

4. 轮胎上光护理剂

(1) 特性 本品为轮胎及其他橡胶制品提供防水、防酸碱浸蚀及长久的光泽效果，用后轮胎特别亮丽。

(2) 适用范围 汽车轮胎及其他橡胶制品。

课题7 添加剂

1. 喷射发动机添加剂

(1) 特性

1) 对油箱、喷射系统及燃烧室有清洁效果。

2) 使燃油消耗达到最经济的效果，确保发动机系统的工作功能。

3) 减少产生一氧化碳。

4) 防止沉淀物形成、腐蚀、氧化。

(2) 使用方法

1) 加油前，添加本剂。

2) 添加比例为1%。

(3) 适用范围　各型汽油喷射发动机。

(4) 注意事项

1) 本剂易燃物，但不含CHC、铅、镉、多氯联苯、酒精及其他有害化合物。

2) 不会造成环境污染。

2. 燃油添加剂

(1) 特性

1) 保护及净化燃油系统。

2) 清除油箱、油管及燃烧室的污垢、积碳，并防止其腐蚀。

3) 改善燃烧效果，减少能源消耗，达到最佳功率。

(2) 使用方法

1) 加油前，添加本剂。

2) 添加比例为1%。

(3) 适用范围

1) 传统式化油器发动机。

2) 适用于有铅及无铅汽油。

(4) 注意事项　本剂为易燃物，但不含CHC、铅、镉、多氯联苯、酒精及其他有害化合物，无环境污染。

3. 发动机机油添加剂

(1) 特性

1) 使发动机润滑油在高速行驶时，仍能紧密地附着在金属的摩擦面上，可减少50%的磨损。

2) 使发动机润滑油在长期使用后，仍能保持良好的物理性，不因水分乳化而产生泡沫。

3) 使发动机润滑油的粘度更具温度变化的安定性及耐热性。

4) 使燃油达到经济效益，减少润滑油的消耗。

5) 本剂不含石墨、二硫化钼、铁氟隆（Teflon）及其他固态润滑剂添加物。

(2) 使用方法

1) 添加在发动机已升温的润滑油内。

2) 更换机油时添加本剂，也可添加于正在使用的润滑油内。

3) 一罐机油添加剂可适用 6L 的发动机机油。

(3) 适用范围

1) 所有的汽油机、柴油机、废气涡轮增压发动机及带催化反应器的发动机。

2) 适用任何品牌的润滑油。

(4) 注意事项　以不用为适当。

4. 变速器油添加剂

(1) 特性

1) 降低摩擦因数。

2) 减少磨损，降低齿轮的噪声。

3) 抵消齿轮的后座力。

4) 延长齿轮的寿命。

5) 使齿轮在有突变及急速加压运转时，仍具有良好的特性。

6) 不含石墨、二硫化钼、铁氟隆及其他固态润滑剂添回物。

(2) 使用方法

1) 本添加剂加在 2.5L 的变速器油内。

2) 随罐附塑胶管一支，依螺纹方向转紧，用力推动“箭头”方向，本剂即自动流入齿轮箱内。

(3) 适用范围　变速器、差速器，齿轮后座力变大时。

课题 8　其他护理品

1. 雨刷精

(1) 特性

1) 界面离子浓缩剂，不伤害车身钢板及漆面，快速清除污垢。

2) 不产生伤害眼睛的折光。

3）延长雨刷寿命。

4）一罐 25mL 的雨刷精，可与 2.5 ~ 3L 的水稀释，仍有效果。

（2）使用方法　打开易开罐，注入雨刷喷水箱。

（3）适用范围　任何车种。

（4）注意事项　以清水作为最好的雨刷水。

2. 防雾剂

（1）特性

1）可达到清洁、防雾、清澈的效果。

2）不伤害漆面及雨刷，无环境污染。

（2）使用方法　打开易拉罐，倒入喷雾罐内即可使用。

（3）适用范围　汽车内、外挡风玻璃。

（4）注意事项　本剂为易燃物。

3. 水箱恒温防漏剂

（1）特性

1）防止水箱漏气及漏水，维持水箱恒温。

2）保护冷却系统，润滑水泵。

3）防止水质变化产生锈蚀及水垢。

4）不会伤害橡胶及金属制品。

5）一罐 250mL，可稀释 15kg 的水。

（2）使用方法

1）将水箱加清水，同时加入本剂。

2）起动发动机 15min，使水箱的水温变热，开始发生效用。

（3）适用范围　汽车冷却系统。

4. 铁氟隆高温高压润滑剂

（1）特性

1）不具污染性的透明液体。

2）优良防水性及防止盐水的腐蚀。

3）可承受高压，适合线性滑动的润滑。

4）除去摩擦产生的噪声。

5）良好的绝缘特性，使电路不因湿气产生短路。

6）有效温度为 -50～+260℃。

（2）使用方法

1）使用前，摇动罐子。

2）被喷涂的物体需干燥、无尘、无油垢，处于清洁状态。

（3）适用范围　凡需符合无污染性摩擦面的润滑及符合高温高压物理特性的要求，均可适用。对机车钢索的润滑及电线的防潮性，效果显著。

（4）注意事项　本剂为易燃物。

5. 玻璃与金属粘接剂

（1）特性

1）有瞬间粘接效果。如果粘接时间为 24h，可永久性粘接。

2）有效温度可达 120℃。

（2）使用方法

1）使用前，以 BERNER 牌万用清洁剂洗净物体表面。

2）将活性剂涂在玻璃表面，等待数秒钟后蒸发。

3）将粘结剂涂在金属表面，两者粘接 30s 后即可。

（3）适用范围　可牢固粘接玻璃与金属。

6. 泄漏找寻剂

（1）特性

1）可轻易寻找不易察觉的泄漏处。

2）颜色为白色，适用温度可达 -20℃。

（2）使用方法

1）使用前，摇动罐子。

2）喷涂后会在泄漏之处产生大量泡沫。

3）此泡沫不会腐蚀物体，事后可用水冲洗。

（3）适用范围　各种压力管、燃气管。

7. 耐久弹性填缝胶带

（1）特性

1）可保永久弹性。

2）耐热性，不会收缩。

3）温度适用范围为 -50～+100℃。

(2) 适用范围　汽车挡泥板、车体、其他金属接点的填缝。对冷气机及汽车冷却系统的冷冻管的隔热有卓越功效。

8. 超级6号

(1) 特性

1）防锈　如轴承、螺纹因锈蚀卡紧无法松动时。

2）除锈　产生流动、密合、安定性良好的油膜，隔离温气。

3）润滑　润滑任何摩擦面。

(2) 使用方法　将本剂对准需要喷涂的表面，少量喷射即可达到效果。

(3) 注意事项　本剂为易燃物。

9. 空气清新剂

(1) 特性

1）本品由天然香料制成，对人体无害。

2）属喷雾剂型，伴有自然花香，兼具杀菌功能，喷后扩散快，香气保留时间长。

(2) 适用范围　汽车内室的清洁护理。

单元四　汽车美容装饰工具和设备

课题1　涂装美容主要工具和设备

一、烤漆房

1．烤漆房的结构

常见烤漆房的结构如图4－1所示。

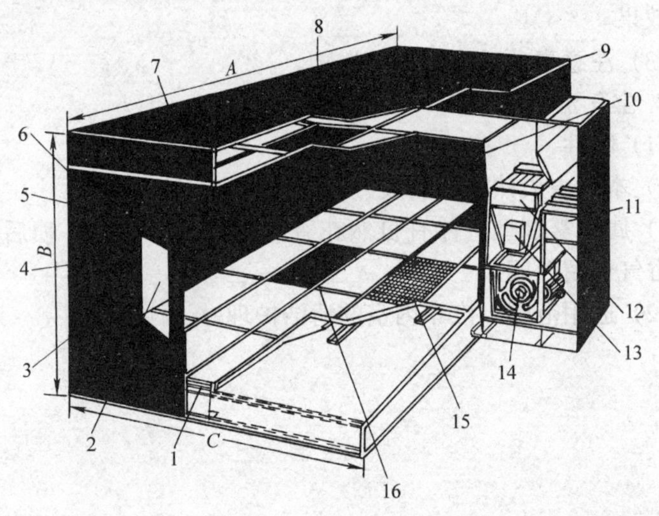

图4－1　烤漆房的结构

1—烘干金属底板　2—入口门的窗户　3—带观察窗、服务门、应急三用门的前门　4—电热控制板　5—安全螺栓铰链　6—喷漆结构　7—绝热嵌板　8—合成过滤器　9—防振减振连接器　10—角灯　11—中间过滤器　12—高热能不锈钢汽锅　13—燃烧器　14—高度空气流通风扇　15—钢格底网　16—油漆烘干过滤器

2．烤漆房的用途

烤漆房可供喷漆和烤漆施工使用。喷漆施工时恒定在20～40℃；烤漆时，可在常温至100℃范围内自动控制，操作简便。

3. 操作方法

(1) 喷漆的操作方法

1）打开动力电源开关，接通电源。

2）打开室内温度控制阀，使温度控制在21℃左右。

3）打开空气控制阀，使空气流速控制在20m/min左右。进入烤漆房的空气是经合成过滤器过滤后的清洁空气。

4）按动喷漆控制阀，按喷漆工艺要求，调整好各有关工艺参数，然后进行喷漆施工。

5）在喷漆施工时，空气流动控制系统使流动空气顺重力方向至底部，并从地下的通风道经过滤后排出室外。

6）喷漆完工后，按动停止喷漆控制阀，过1min后停止空气控制阀、温度控制阀工作，使室内处于静止状态。全部完成喷漆施工。

(2) 烘烤的操作方法

1）喷漆完工静止10min后的轿车转入烤漆施工阶段。按烤漆工艺进行操作。

2）烤漆时房内温度的控制方法是：启动温控系统，将房内温度控制在60℃左右（这是整车低温烘烤，车内的装饰件齐备）；若进行高温烘烤时，车内无装饰件，最高温度可控制在120℃以下，以不影响涂装质量为原则。

3）在烘烤时，房内的热空气流动速度控制在3m/min左右为宜。

4）详细的烘烤操作，要按烘烤的具体工艺要求对升温速度、保温时间进行认真操作。

4. 使用注意事项

1）对烤漆房，应根据设备的具体情况，按使用操作规程进行操作。即使是同类设备，规格不同，其操作方法也有差异。

2）喷涂和烘烤也因被喷涂和烘烤的车型不同，其工艺必然不同，所以，要视具体的工艺进行操作。

二、空气压缩机

1. 空气压缩机的结构

空气压缩机主要由压缩机、储气罐和电动机等主要部件组成，如图 4-2 所示。

2. 空气压缩机的功用

空气压缩机是为汽车喷涂和美容装饰提供所需的压缩空气的主要设备。

3. 使用方法

空气压缩机的使用方法比较简单，一般只要按动启动开关，空气压缩机便可正常运行；储气罐中的压力到规定压力之后，按下停止开关，即可停机。现在的空气压缩机一般都有自动控制系统，启动后，储气罐中的压力达到规定压力之后，自动停机，当储气罐中的压力降到规定值时，又自动启动。如此往复循环。

4. 使用注意事项

空气压缩机的型号规格不同，其具体的操作方法也不一样，应按具体的空气压缩机的使用说明书要求进行操作使用。

三、喷枪

1. 喷枪的结构

典型喷枪的结构如图 4-3 所示。

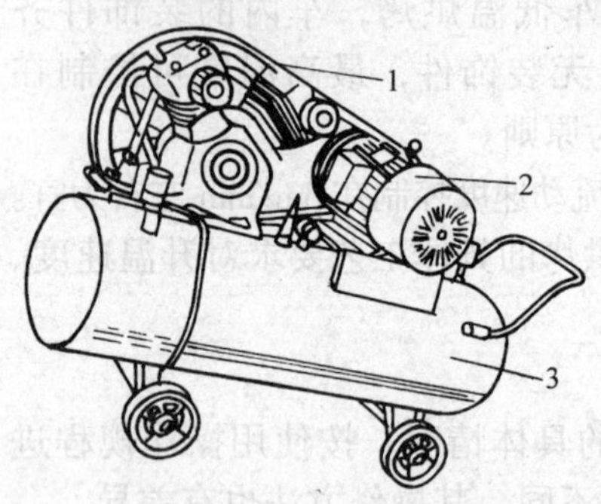

图 4-2　空气压缩机的结构

1—压缩机　2—电动机　3—储气罐

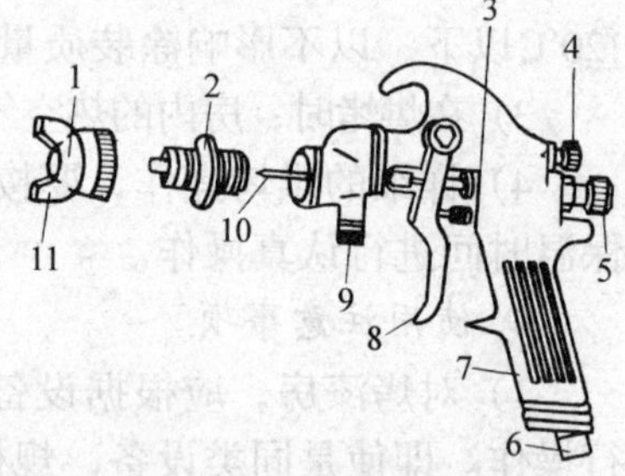

图 4-3　典型喷枪的结构

1—气帽　2—喷漆嘴　3—空气阀　4—雾形控制钮　5—漆流控制钮　6—进气口　7—枪体　8—扳机　9—进漆口　10—顶针　11—气帽角

2. 喷枪的功用

喷枪是喷涂技术中的关键设备之一，它能把涂料均匀喷涂到工件表面上。

3. 喷枪的使用方法

在喷涂过程中，手持喷枪，站立在被喷涂的物体前，与它保持适当的距离，以稳定的喷涂速度上下或左右移动。

4. 喷枪使用注意事项

若喷枪的使用方法不当，可导致漆面出现缺陷。

(1) 喷枪倾斜　由于喷枪与被喷涂表面不垂直，由此而产生倾斜使漆膜厚度不均（如图 4-4 所示），飞漆过多，使漆面出现砂状和桔皮等缺陷。

(2) 喷枪走弧线　在喷涂时如果移动路线与被涂表面不平行，两端喷枪距离较远，中间却较近，结果使漆膜厚度不均匀，飞漆过多，出现砂眼和桔皮等缺陷。

(3) 移动速度不当　太快时油漆不能均匀覆盖表面，太慢则容易出现流挂。

(4) 重叠不当　行程重叠不当，也会造成漆膜厚度不均，色调不同，出现流挂。

(5) 过量喷涂　每一行程开始或结束时，不能很好地控制扳机，或是开始时扳机打开过早，或是行程结束时扳机关闭过晚，导致行程开始或结束时产生许多飞漆，并使油漆局部堆积过厚，也同样产生厚度不均，导致上述类似缺陷。

(6) 覆盖不当　喷涂到构件边缘时，不能准确地控制扳机，或是行程开始或终了，开闭扳机过早或过晚，结果覆盖范围不适合，造成漆膜厚薄不均，产生同上述一样的漆膜缺陷。

上述操作问题，只有掌握操作要领，经过不断实践总结经验，熟悉掌握喷枪特性，才可能消除因喷枪使用不当而导致的喷涂质量问题。

5. 喷枪的维护保养

对油漆工作而言，喷枪是最主要的工具，因此，必须掌握其使用方法和维护保养的技能。现将喷枪的维护方法简介如下：

（1）空气喷嘴的清洗

1）先把空气喷嘴从喷枪上拆卸下来，浸泡在清洁的清洗剂中。

2）经过短暂的浸泡后，用牙刷或其他软毛刷刷洗气孔。

3）用压缩空气吹干，保证空气喷嘴洁净。

4）最后将空气喷嘴在喷枪上安装好，并进行调试，使喷枪完全能正常工作为止。

（2）虹吸式喷枪的清洗

1）从喷枪上把油壶卸下来，但此时液体物料管仍然留在油壶的上方。

2）将空气喷嘴的螺母松 2～3 圈。

3）拿一块布罩在空气喷嘴上，扣动扳机，此时空气从液体物料管内通过，将残留在管内的漆料冲回到油壶内。

4）将油壶内的漆料倒出，并进行清洗。

5）将清洁的清洗剂倒入油壶内（大约 1/3 左右）。

6）安装好空气喷嘴和油壶，通过喷枪清洗剂来清洗漆料管和漆料喷嘴。

7）最后用抹布蘸清洁的清洗剂，将整个喷枪擦拭干净。

（3）压送式喷枪的清洗

1）在清洗压送式喷枪时，先关闭漆料罐的压缩空气，从泄压阀或调压阀处泄压。

2）松开空气喷嘴螺母 3 圈，拿一块布罩在空气喷嘴螺母上。

3）扣动扳机，使枪内漆料由软管回到漆料罐中。

4）在漆料罐内加注清洗剂，清洗漆料罐。

5）安装好清洗干净的漆料罐，打开所有的空气阀，扣动扳机，使清洗剂通过软管流动，以达到清洗软管的目的。

6）通压缩空气 10～15min，吹干软管。

四、打腻子常用工具

打腻子常用的工具主要有钢片刮刀、橡胶刮板、嵌刀（脚刀)、腻子托盘、腻子托板等。

1. 钢片刮刀

此刮刀是用薄的弹簧钢片制作，有木制手柄，有大小不同的规格，要求刃口平直。其形状结构如图 4－5 所示。用它将腻子刮涂在车身需要刮涂的表面上。

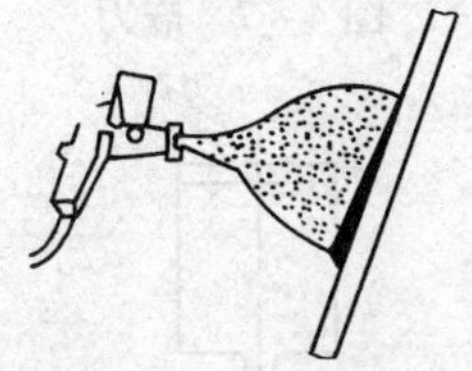

图 4－4　喷枪不垂直于工件表面造成漆膜厚度不均

图 4－5　钢片刮刀

2. 橡胶刮板

橡胶刮板采用耐油耐溶剂的橡胶板制成。其形状尺寸可根据需要而制作。新制的橡胶刮板用 100 号砂纸将刃口磨平、磨齐、磨薄，不得有凹凸表面。

橡胶刮板具有很好的弹性，对于刮涂形状复杂面非常适用，尤其是刮圆角、沟槽等处特别实用、方便。还可根据工件形状将刃口做成相应形状，使用完毕后擦净即可。橡胶刮板的形状如图 4－6 所示。

3. 嵌刀（脚刀）

嵌刀一般用普通钢制作，不太厚，一端是平刃口，一端是斜刃口，用它将腻子嵌入孔眼或缝隙之中，也可用它剔除转角、夹缝中的杂物。它也可用锯条磨制，形状如图 4－7 所示。

4. 腻子托盘

一般是用厚度为 1～1.5mm 的薄钢板制作成长方形浅盘。供施工时暂存腻子使用，方便施工，如图 4－8 所示。

5. 腻子托板

一般是用木板、塑料板或薄铁板制作。它可以存放少量的腻子或调和少量腻子，方便刮涂腻子使用。其外形如图 4－9 所示。

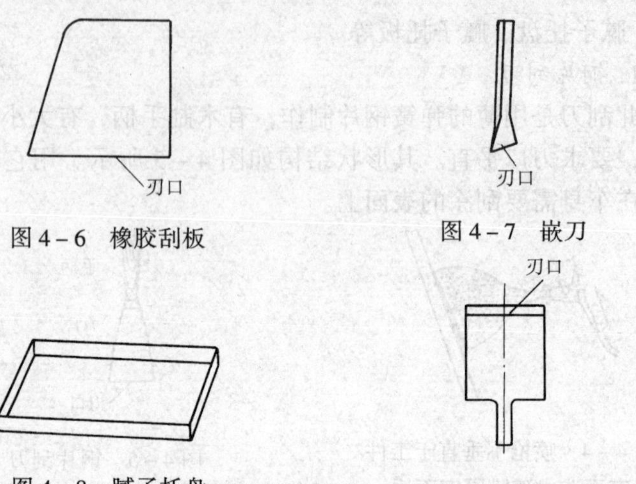

图 4-6 橡胶刮板

图 4-7 嵌刀

图 4-8 腻子托盘

图 4-9 腻子托板

课题 2 清洗主要工具和设备

一、全电脑整车无刷清洗机

1. 主要结构

该设备主要由高压喷水清洗系统和电脑控制系统组成，如图 4-10 所示。高压水系统由水泵室、储水罐、输水管路和喷头及控制阀等组成。控制系统全部由电脑控制。

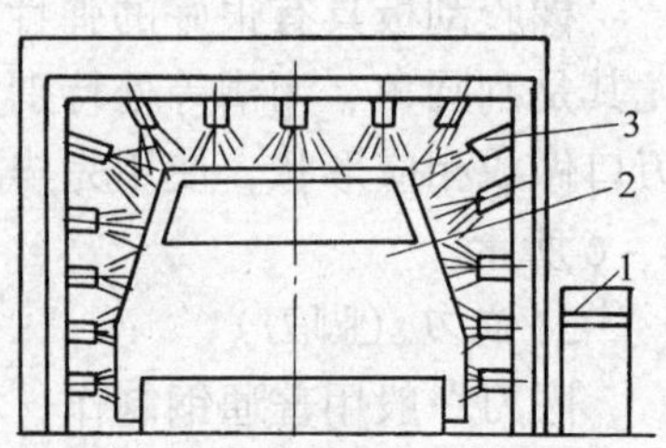

图 4-10 全电脑整车无刷清洗机
1—电脑控制系统 2—被清洗的轿车
3—高压喷水清洗系统

2. 基本功能

该设备能一次性对汽车进行整车外部清洗。

3. 操作方法

1）把需清洗的汽车开到清洗停放的位置，停稳，关好车门。关好清洗机门。

2）启动控制系统，调好高压水水压，打开喷头控制阀，按清洗整车的清洗工艺要求所规定的参数，对汽车进行喷淋清洗。

3）清洗完后，停机。把机门打开，用干净的抹布把车身外表擦干净，然后把车开出来，对清洗质量进行检查。若不合格，则进行补救清洗，至合格为止。

二、隧道式电脑洗车机简介

1. 隧道式电脑洗车机主要结构和功能

(1) 输送机系统　待清洗的汽车进入隧道时，轮胎的导正系统可使汽车停在输送机的停车轨道上，收好天线、放空挡、勿动雨刷。输送机系统可将清洗的汽车通过隧道而完成清洗的运输功能。

(2) 高压喷水系统　采用强力电动机和水泵产生高压水，对汽车表面进行冲洗，可将车身上的微小砂粒和灰尘除去，以便安全进行刷洗。

(3) 一对前小刷　前小刷可对汽车的下部外表进行刷洗，可除去部分污垢等。因为汽车下部污垢一般较中部和上部严重，所以，此部位要多洗刷一遍。

(4) 高泡沫喷洒系统　利用该系统向车身喷洒高泡沫洗车液，以增强清洗除污能力。

(5) 滚刷系统　由前大侧刷一对、顶刷一个、后顶刷一个、轮刷一对和后小刷一对，组成了隧道式洗车机的滚刷系统。

大侧刷，可依车型的斜度自动倾斜，轻柔而平稳地包裹车身，以达到良好的洗净效果。

刷洗车身前后刷毛似手臂，采用交叉式刷洗方法，洗车无死角，清洗效果最好。

独创的横卧式洗刷，能将车身下方的严重污垢，干净彻底地清除。

(6) 亮光蜡喷洒系统　在滚刷刷洗之后，用亮光蜡喷洒系统对车身进行清洗后的护理，使车身涂膜更加鲜艳靓丽。

(7) 强力吹风系统　由前风机和后风机组成，用清洁的高压空气将车身吹干。

(8) 擦干系统　由特殊的绒毛布条组成，可将风干后所残留的水痕彻底擦拭干净。

(9) 控制操作箱　整个控制操作系统，由控制箱和操作控制台组成。可实现洗车快速、靓丽、安全、无刮痕；整个操作真正达到人性化，由电脑自动感测车型；一次起动，不用人员操作选择；可连续依其车型，连续清洗轿车、厢式车、家庭用车、出租车等不同车型的汽车。

隧道式电脑洗车机的结构如图 4－11 所示。

2. 隧道式电脑洗车机的洗车操作

隧道式电脑洗车机的洗车过程是全自动的，只需将清洗的车辆，按照洗车要求，停放在输送机的停车位置上，然后起动洗车机，即开始进入洗车规定程序，全过程约需 30s 即可将车洗完，可实现快速、靓丽、安全和无刮痕的洗车要求。

三、龙门式电脑洗车机

1. 主要结构

龙门式全自动电脑洗车机主要由侧洗辊轮、俯洗辊轮和端洗辊轮组成。辊轮上的材料主要由尼龙纤维、海绵或其他纤维制成，比较蓬松、柔软，在辊洗时，不会刮伤面漆。

2. 基本功能

该设备主要用于汽车外部整车清洗。

3. 使用方法

1）把车开到清洗停车位置，停稳，拉上手刹，关好车门。

2）启动控制系统，调好清洗的水压、流速、时间等有关参数，开始清洗。

3）全过程由电脑控制，洗完后自动停机。

4）停机后，把车开出来，把车外表擦干，检验。若无清洗质量问题，就完成了清洗任务；若有问题则要返工并检查设备。

4. 使用注意事项

1）该机能喷水也能喷洗车液进行洗车。

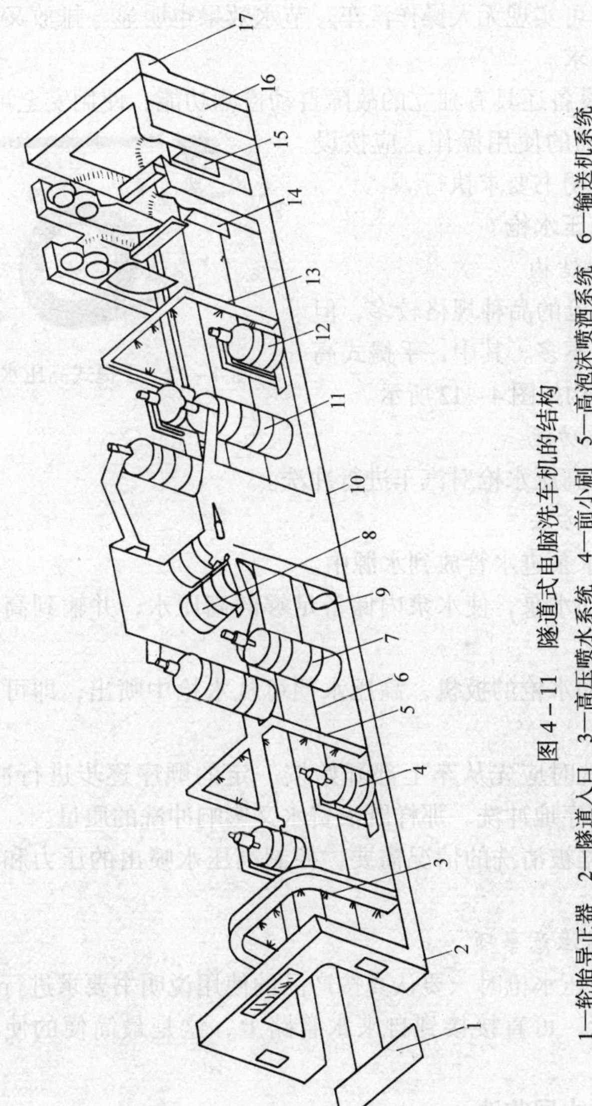

图 4－11　隧道式电脑洗车机的结构

1—轮胎导正器　2—隧道入口　3—高压喷水系统　4—前小刷　5—高泡沫喷洒系统　6—输送机系统
7—前大刷　8—前顶刷　9—轮刷　10—后顶刷　11—后大刷　12—后小刷　13—保护剂喷洒系统
14—前风机　15—后风机　16—控制箱及操控台　17—隧道出口

2）该机清洗速度快，几分钟就可清洗一台汽车；并且自动化程度高，可实现无人操作洗车。节水效果也明显。排放又达到环保标准要求。

3）该设备还具有独立的故障自动检测功能，使用安全可靠。

4）详细的使用操作，应按设备的使用说明书要求执行。

四、高压水枪

1. 主要结构

高压水枪的品种规格较多，但基本组成差不多。其中，手提式高压水枪的结构如图 4－12 所示。

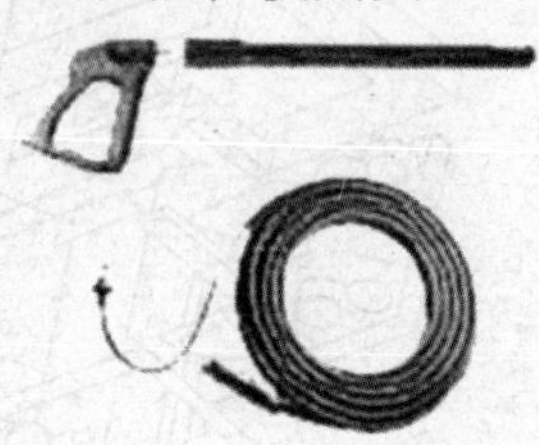

图 4－12 手提式高压水枪

2. 基本功能

可利用高压水枪对汽车进行冲洗。

3. 使用方法

1）把水泵进水管放到水源中。

2）开动水泵，使水泵内储备足够的高压水，并输到高压水软管中。

3）开动水枪的扳机，高压水便可从水枪中喷出，即可对汽车进行清洗。

4）冲洗时应先从车上部开始按一定的顺序逐步进行冲洗。不要反复无序地冲洗，那样既浪费水又影响冲洗的质量。

5）根据被清洗的情况需要，控制高压水喷出的压力和水的流量。

4. 使用注意事项

使用高压水枪时，要认真按产品的使用说明书要求进行。有的水枪软管，可直接接到自来水管路上，这是最简便的使用方法。

五、污水回收池

1. 主要结构

污水回收池主要由污水分离、污水的处理回收和排污装置等部分组成，如图 4－13 所示。

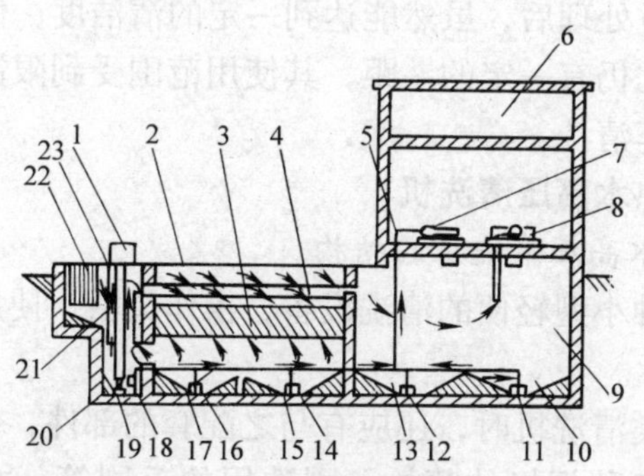

图 4－13　污水回收池的结构

1—搅拌机　2—斜板沉淀池　3—斜板　4—集水管　5—吸污管　6—水塔　7—污水泵　8—清水泵　9 —清水池　10、13、15、17、20 —泥斗　11、12、14、16、18—吸头　19—螺旋桨　21—预沉淀池　22—粗滤铁篓　23—传动轴

2. 基本功能

该设备专门用于对汽车清洗、维修、美容所产生的污水进行回收处理，具有节约用水、保护环境和防止水污染的功能。

3. 使用方法

1）在清洗汽车时，污水从回水沟通过粗滤铁篓 22 后进入预沉淀池 21，而外形大于铁篓缝隙的杂物被挡住。污水通过预沉淀池时，大颗粒的污泥被慢慢沉淀，密度相对较小的油污等便漂浮在预沉淀池的水面上，当需处理的水到达沉淀池斜板区时，就得到了充分地沉淀，澄清后的水被几根集水管收集进入清水池。

2）当池底的 5 只泥斗中的沉淀物聚积到一定程度时，开动污水泵 7、吸污管 5、吸头 11、12、14、16、18 等进行排污。同时，开动预沉淀池中的螺旋桨式搅拌机，使污泥与水相混合，便于吸头抽吸。排污时污水泵将水塔 6 中的水向池底的 5 只泥斗反冲，将沉淀物与水混合后再吸出去。

3）在清洗时，当铁篓中和预沉淀池水面的漂浮物达到一定程度时，要及时清除掉。

4. 使用范围

污水经过处理后，虽然能达到一定的清洁度，但与来自自来水的水源相比仍有一定的差距，其使用范围受到限制，不能用于最后一道汽车清洗。

六、冷热水高压清洗机

1. 冷热水高压清洗机的结构

这是一种小型轻便的清洗设备，操作灵活，使用效果好，如图 4－14 所示。

使用此类清洗机时，还应有与之配套的部件，如进水软管和出水软管、各种规格的喷枪、刷洗用的毛刷等，才可以进行工作。

冷热水高压清洗机系统，一般由水泵、加热装置和传动机构等组成，安装在轻便的小车上。一般采用柱塞式水泵获取高压水流。水源一般是自来水。采用其他水处理时，如水池、水塘中的水时，需要经过清洁过滤处理。

高压水流的压力和流量是可调的，可根据清洗的要求进行调节。热水的温度也是可调的。

图 4－14 冷热水高压清洗机

2. 冷热水高压清洗机的特点

1）冷热水高压清洗机可以安装在小车上，使用操作灵活方便。

2）用热水冲洗比冷水洗车具有去污快、效率高的特点；与蒸汽清洗相比较，具有投资少、成本低、易控制等特点。

3）用热水冲洗，可避免使用化学药品和试剂，有利于环境保护。

4）用热水冲洗，有利于将油污、泥土去除，同时，不会对涂膜表面造成损伤，清洗质量高。

5）由于这种清洗方式简便灵活，可适用于各式的车辆和零部件的清洗。如大、中、小型车辆的车外、车内清洗，部件和零件清洗，除尘、除污清洗，新车开蜡等。

3. 使用方法

（1）对清洗的汽车进行表面检查　首先检查汽车表面情况，了解汽车表面状况，制定必要的清洗措施。若车身表面污物不多，以浮尘、泥土为主，可选用冷水冲洗的方法；若污物较多，还有油垢等，可采用高压热水冲洗工序。

（2）做好清洗准备

1）对清洗机进行全面检查，使设备处于正常工作状态，并准备好有关工具和材料。

2）接通水源、电源，启动清洗加热装置，使喷枪能正常喷出70～80℃的热水用于清洗。

（3）清洗操作

1）将高压喷枪的压力控制在10MPa左右（一般不高于7MPa，对于底盘可调到10MPa左右），使用75℃左右的热水，对车身外表，从上向下冲洗一遍，可清除车身上的沙粒、污泥等。

2）用高压热水清洗原则对车顶、前后风窗玻璃、车门等依次清洗。

3）用半湿毛巾将热水冲洗后的车身按照顺序擦拭一遍。

4）用柔软的干毛巾擦拭，达到整洁、干净。

七、汽车外清洗用品

1. 外洗用的湿性海绵

这种海绵具有较好的藏土藏尘能力，可避免擦洗时擦伤车身外表面。使用前，把海绵吸入适量配好的洗车液，擦洗时可去掉车身上外表吸附着的较难清除的污垢。

2. 外洗用的半湿性大毛巾

一般多用于麂皮擦车前的预处理。

3. 外洗用的半湿性小毛巾

主要用于擦洗车门边污垢和窄小的凹陷边沿等处。

4. 外洗用干性小毛巾

用于外洗用湿小毛巾擦洗过的地方，把水痕等彻底擦去。

5. 外洗用的干性大毛巾

用于把水痕等彻底除掉。

6. 半湿性麂皮

经过清水浸湿后，拧干可用于擦净车身表面的水痕。

课题 3 研磨抛光设备

一、圆盘式电动打磨机

1. 主要结构

圆盘式电动打磨机的结构主要由电动机和打磨盘组成，打磨盘上有打磨砂轮片。砂轮片是易耗品，根据砂轮片的砂粒及直径大小分为不同规格的轮片，以便进行粗磨、中粗磨、细磨时，选用所需规格的轮片和打磨速度。其结构如图 4－15 所示。

2. 基本功能

利用圆盘式电动打磨机，安装适当的砂轮片，可进行打磨、抛光工作。

3. 使用方法

1）握紧电动打磨机的手柄，打开电源开关，移向待打磨的表面。

2）使打磨机向右移动，打磨机的砂轮片上方的 1/4 对准打磨表面。其操作示意图如图 4－16 所示。

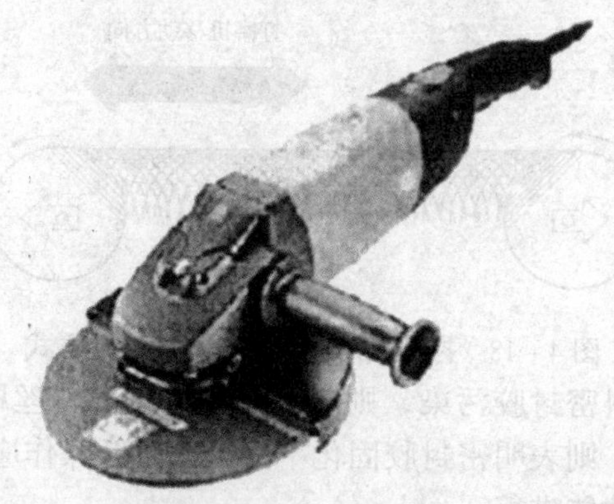

图 4－15　圆盘式电动打磨机

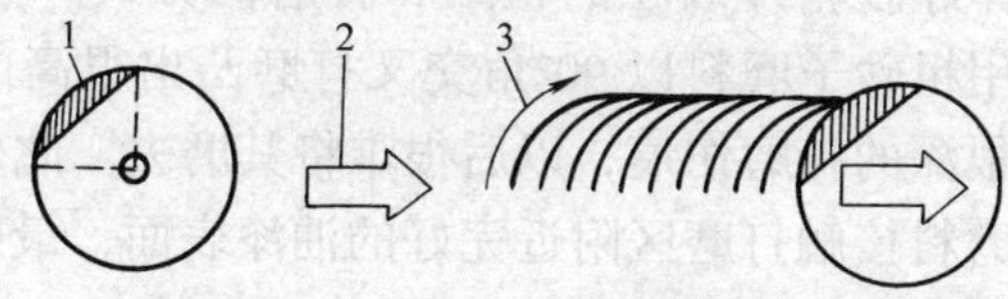

图 4－16　打磨机右移动打磨方式

1—叶轮切割部位　2—打磨机移动方向　3—叶轮旋转方向

3）当打磨机从右向左移动时，砂轮片右上方的 1/4 对准加工表面进行打磨，这两步是打磨表面高度不平最为有效的方法，如图 4－17 所示。

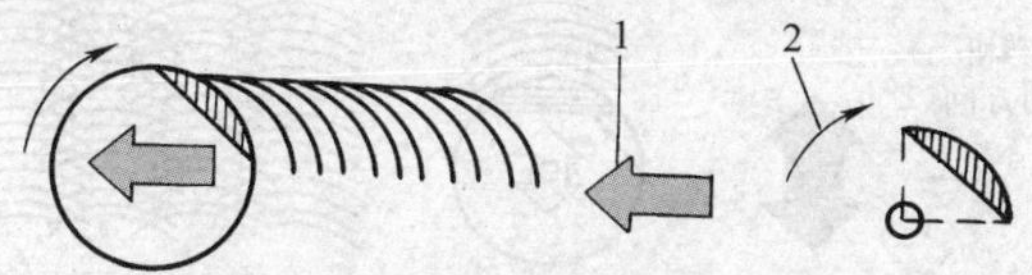

图 4－17　打磨机左移动打磨方式

1—打磨机移动方向　2—叶轮旋转方向

采用以上两种打磨方法，也可以用来打磨较平坦的表面，如图 4－18 所示。

4. 使用注意事项

（1）应保持砂轮片清洁　在施工过程中，应该经常检查砂轮片是否清洁，这是保证打磨质量最简单也是最有效的办法。如果

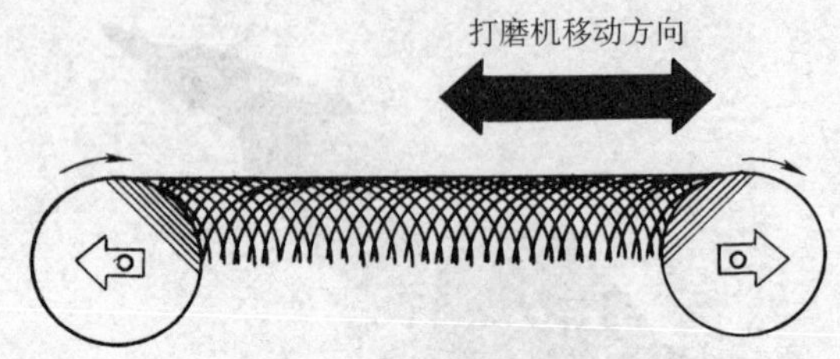

图 4－18 打磨机对平坦面打磨时移动方式

砂轮片被塑料密封胶污染，则应及时用毛刷、钢丝刷进行清理。出现此情况，则表明密封胶固化不完全。打磨操作应该在密封胶完全固化后才能进行。

(2) 选择好砂轮片砂粒的粗细和打磨的方式 在施工过程中，不允许用粗砂子磨料以 90°角交叉打磨凸出很高的表面，这样将会造成很深的打磨伤痕，以后很难将其磨去。此外，千万不要让粗砂粒磨料接触打磨区附近完好的油漆表面，最好用胶带把完好的涂层部位保护起来。

(3) 砂光式打磨操作及打磨效果的检查 将旋转着的砂轮前方对着打磨表面，而后方稍稍离开表面一点，这就是所谓的“砂光”操作。保持这个方位，上下移动打磨机进行打磨，每一道磨痕之间覆盖面积大约 50%～60%，打磨砂光轨迹如图 4－19 所示。

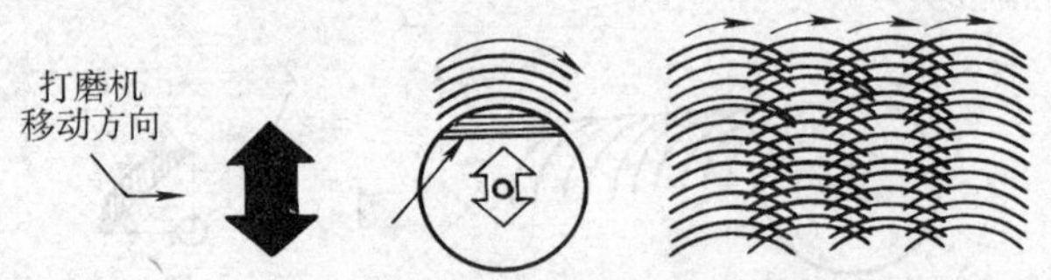

图 4－19 打磨机打磨砂光轨迹

用戴手套的手在打磨过的表面来回摸一摸，检查打磨效果。重复上述打磨过程，直到完成打磨工作的 3/4 左右。

更换更细的砂轮片，重复上述的打磨、砂光过程，直到达到表面光滑平整为止。

二、软轴式电动打磨机

在车身的打磨过程中，由于打磨部位的大小、形状不同，所使用的打磨设备也不一样，有电动的，也有气动的。但不管动力来源如何，具体的打磨操作是一样的。对于较小面积而表面形状又较复杂的部位，如前围护面和后围护面的大灯附近的打磨，就应该选用软轴式小型打磨机，如图 4－20 所示。

三、供润滑剂的打磨机

在打磨过程中，由于磨轮的高速运转，并与被打磨工件的接触摩擦而产生高热，为了加快这种热量的散失，有的打磨机上设有润滑剂供给装置，这样可以实现边打磨边润滑，从而提高了打磨质量。这种打磨机的结构如图 4－21 所示。

该机的使用方法与其他打磨机一样。

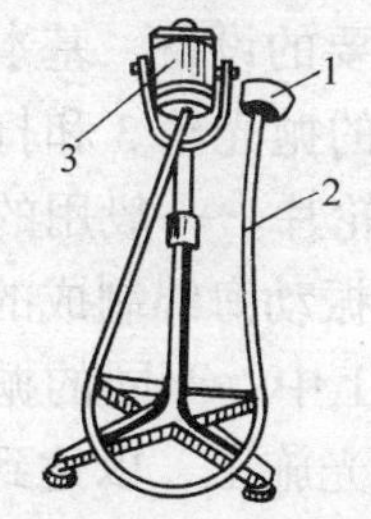

图 4－20　软轴式电动打磨机
1—磨轮　2—软轴　3—电动机

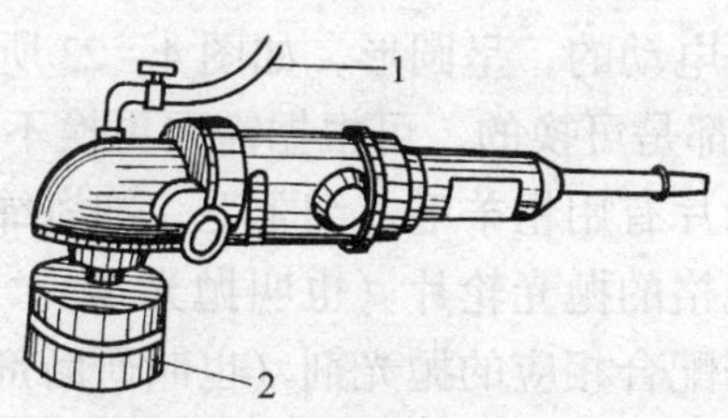

图 4－21　供润滑剂的打磨机
1—润滑剂供应软管　2—磨轮

四、带吸尘装置的打磨机

在打磨过程中，特别是进行大面积打磨时，易产生大量的粉尘，这样不仅影响打磨质量，而且还将影响操作者的健康，同时也污染环境。为此，可使用带吸尘装置的打磨机。其结构如图 4－22 所示。

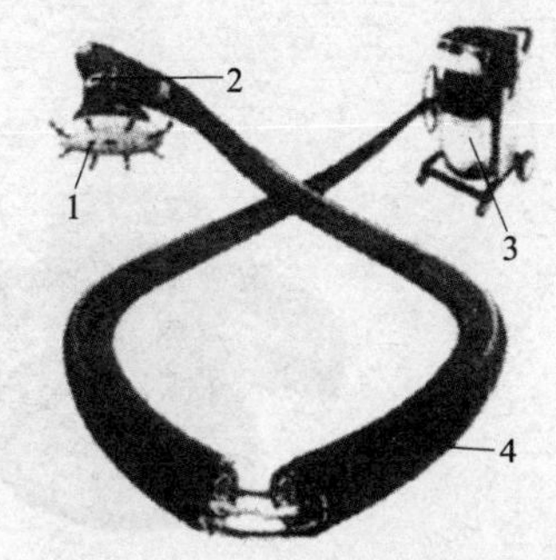

图 4－22　带吸尘装置的打磨机
1—打磨轮　2—吸尘装置兼打磨机体
3—储尘装置　4—输尘软管兼电缆

五、抛光设备

在打磨之后，为了获得更进一步的光滑平整的表面，要用较细的打磨砂轮片进行抛光打磨。在打磨机上的砂轮片是可以按需要进行更换的；同时，车身的铁板外表面为了提高底漆的附着力，还需要有一定的粗糙度，不能太光滑，这就对前处理的抛光要求不高。一般可用400号左右的砂纸或砂轮片用手提式抛光机进行抛光即可。一般说，打磨设备和抛光设备是通用的，使用方法也是一样的，只是打磨和抛光用的磨料（即砂纸或磨轮）不同而已。

课题4　打蜡抛光机

一、主要结构

打蜡抛光机是汽车漆面美容工作的最主要的设备，基本上都是电动的，呈圆形，如图4-23所示。图中的抛光轮3和打蜡轮4都是可换的，可根据需要更换不同的抛光轮片。一般用的抛光轮片有用粗羊毛、细羊毛、细海绵、加压式振动海绵制成的多种规格的抛光轮片（也叫抛光盘）。在抛光施工中，不同的抛光轮需配合相应的抛光剂（也叫研磨剂）进行抛光施工，以达到不同的光亮等级。

在汽车美容作业中，由于美容的作业内容与前处理和腻子

图4-23　打蜡抛光机

的打磨抛光要求不一样，所以，抛光机的抛光轮的结构也不同。

二、基本功能

打蜡抛光机主要用作汽车的漆面护理和美容装饰时打蜡抛光。

三、使用方法

1）插上电源，把打蜡抛光机的电源插头插在电源插座上，接通电源。

2）把护理车蜡涂抹在车身漆面上。

3）起动打蜡抛光机，按规定的有关工艺参数对车身漆面进行打蜡抛光。

4）抛光完成后，关闭电源，拔下插头，收好打蜡抛光机。

打蜡抛光的操作方式和要领基本上与前面的打磨抛光相同，只是有关的工艺参数不一样。

四、使用注意事项

1）选择合适的轮片和转速。根据打蜡抛光的具体情况，选择适合抛光需求的粗、中及细抛光轮及相应的转速和适当的压力。

2）在目前市场上，抛光设备、车蜡品牌及有关工具有的配套性较强，使用时，要特别注意，看清有关设备、工具及车蜡的使用条件，尽量配套使用。

3）在打蜡抛光的过程中，边抛光边注意漆面的变化，防止过量抛光，影响漆面质量。

课题5　吸尘机、吹干机

一、吸尘机

1. 主要结构

吸尘机由抽风机、储尘器、吸尘管、吸风口构成。由于脏物形式不一样，在工业上用或汽车美容装饰中用的吸风机要求功率大一些，吸力强一些，才能把车内较大的废物、纸屑、泥土吸入吸尘机内，以达到清除异物、尘土的作用。吸尘机的结构如图4－24所示。

2. 使用方法

插上电源，打开抽风机开关，一手提着吸尘机，一手拿着吸尘管，把吸尘口对准需要吸尘的部位，便可进行吸尘清理工作。完成吸尘工作后，关闭抽风机开关。若暂时停一下，还要进行另外吸尘工作时，电源开关可暂不拔下，以便继续使用。最后完成全部吸尘工作后，一定要把吸尘机的电源插销拔下，把电源线和吸尘软管卷好，固定在吸尘机的机体上，放好吸尘器，以便下次除尘时再继续使用。

图4－24 吸尘机

二、吹干机

在汽车美容作业中，对车内的用品进行清理之后，有时需要及时进行吹干。吹干可采用两种方式，用压缩空气吹干或热风吹干。

1. 用压缩空气吹干

有压缩空气装置的单位，可以直接用压缩空气，对清洗物进行吹干，但消耗的压缩空气较多，吹干时间也较长。空气喷枪，操作简便，只要把气枪接在压缩空气系统的管路上，打开阀门，然后再扳动气枪的扳机，便可用压缩空气对准被吹干物进行吹干了。

2. 用吹干机进行吹干

吹干机实际上就是一种吹风机，其工作原理同理发店用的吹风机一样。当然，吹干机的功率比较大，加热装置可吹出热风，可以提高干燥效率。若没有加热装置，就与压缩空气差不多，吹出的便是凉风。在这里，以吹热风的吹干机为例，说明它的结构和使用方法。

图 4－25　吹干机

吹干机主要由加热器、吹风机、送风管和吹风口等主要部件组成，如图 4－25 所示。

3. 吹干机的使用方法

首先插上电源插销，打开电加热器开关，使加热器工作。然后打开吹风机开关，使吹风机工作，这时，送风管中便有热风从吹风口中吹出，用吹风口对准需吹干的物品，经过一段时间后，物品即可吹干。在吹干的过程中，根据物品的具体情况，可适当翻动物品，用手触摸物品是否干燥，干透后，便可停止施工。在停止施工前的短暂时间内先关闭加热器，吹风机可把加热器中的余热全部送出，既节约热能，又保护加热器不因余热太多影响整个吹干机的寿命。然后关闭吹风机，最后拔下电源插销，把电源线和送风软管等整理放好，以便下次使用。

课题 6　蒸汽消毒机

一、主要结构

蒸汽消毒机的结构如图 4－26 所示。

蒸汽消毒机主要分上、下两部分，中间由隔板 3 分开。上部为消毒室 2，室中有放物架，可将消毒物放在上面，消毒室有门，可关闭；下部是蒸汽发生器，由电热管 5 加热水 4 使之产生蒸汽，供蒸汽消毒室用。这就是蒸汽消毒机的基本结构。当然，还有配套的温度控制开关、水位显示计、计时器等辅助机构。更高级的可用电脑对全部过程进行自动控制。使用时可根据汽车美容装饰中心的实际情况选用适当类型的蒸汽消毒机。

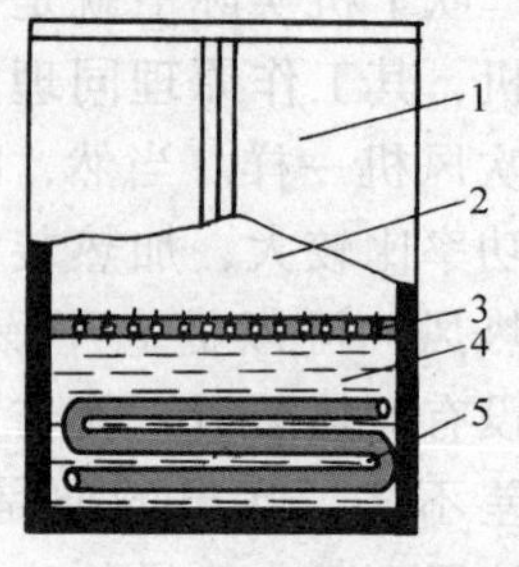

图 4-26　蒸汽消毒机结构
1—机门　2—消毒室　3—隔板
4—水　5—电热管

蒸汽消毒机结构并不复杂，如果只为消毒使用，这样的蒸汽消毒机可不必很大，与一般家用电冰箱差不多大即可。如果是较大的美容装饰中心，任务量较大时，可采用一台小型锅炉产生蒸汽，供清洗、消毒、蒸饭、洗澡等生活用。图 4-27 所示为某汽车美容中心的蒸汽系统。

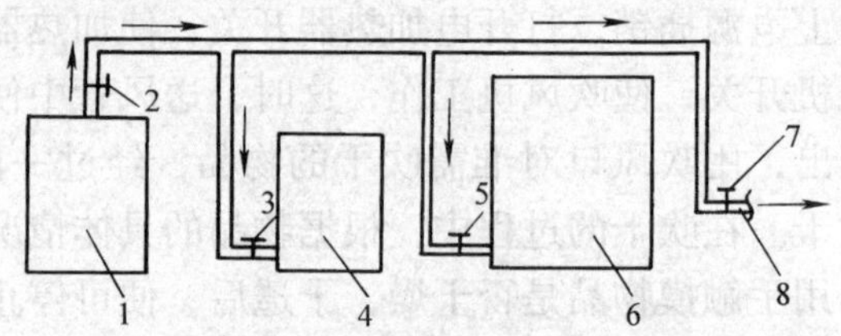

图 4-27　某汽车美容中心的蒸汽系统
1—蒸汽锅炉　2—蒸汽总阀　3—消毒柜蒸汽阀　4—蒸汽消毒柜　5—蒸汽清洗阀
6—蒸汽洗车室　7—生活用气阀　8—生活用气管

二、使用方法

1）先把被消毒物放置在消毒室内，关闭好消毒室门。

2）打开电加热器的开关，对水进行加热。

3）到一定的时候，水受热而变成蒸汽，蒸汽通过隔板上的小孔进入蒸汽消毒室内，对被消毒物进行消毒。

4）消毒时间、温度变化、水位变化，甚至消毒室内的压力等均可通过有关辅助装置进行控制。

5）要特别注意水位控制，不能无水加热，也不能时间太长，温度和压力均不要太高。

课题 7 地毯脱水机

一、地毯脱水机的结构

脱水机又叫甩干机，在家用电器中，它往往与洗衣机配套使用。当然，对于工业上用的洗衣机和脱水机，其原理和结构与家庭用的洗衣机和脱水机是一样的，只不过功率要大得多。家庭用的洗衣机和脱水机一般在 2~5kg 左右，6kg 的就算大的了（指可脱水的衣物总质量）。自然，工业上用的，一定要比这大。目前有 20kg 的洗衣机，与之配套使用的脱水机也在 20kg 左右。这种脱水机，基本上可满足小型的汽车美容装饰中心清洗脱水用。

二、脱水机的结构和工作原理

家用脱水机有立式离心型和卧式滚筒型两种。立式离心型脱水机的功率较小，不宜大批量使用；卧式滚筒型脱水机由于结构刚性较好，滚筒的容积可制作较大，机械传动平稳可靠，所以深受汽车美容企业欢迎。地毯脱水机的基本结构如图 4-28 所示。

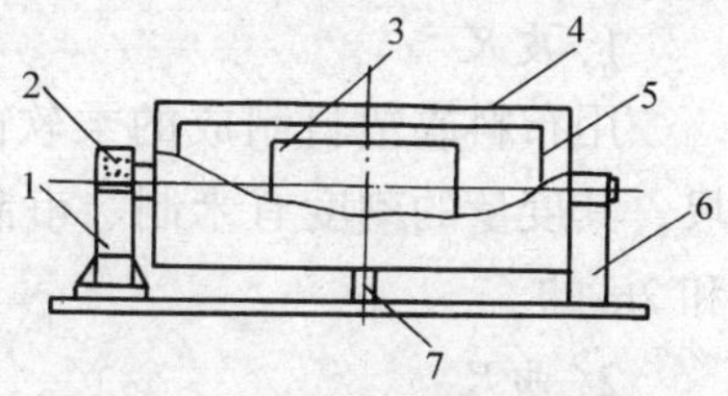

图 4-28 地毯脱水机结构

1—传动装置 2—操作控制板 3—滚筒盖门 4—外罩 5—滚筒 6—支座 7—排水管

地毯脱水机主要由滚筒、外罩、支座、传动装置和控制板等构成。滚筒 5 的两端由轴固定在支座上，与支座是动配合，可由传动装置 1 带动转动。滚筒的圆周面上有排列整齐的排水小孔。放取脱水地毯时，可打开滚筒盖门，放好后关闭好盖门，再放好外罩 4，才能起动脱水机工作。外罩 4 由上下两部分组成，下部固定在支座上，上部分是活动的，用铰链连接固定在下部外罩上。盖好外罩后，成为密闭的整体。滚筒转动时，靠离心力使从地毯脱出的水从小孔中排到外罩，经排水管 7 排到下水道或回水池中。排水管 7 用透明塑料软管制作，可方便地看到地毯脱水是否脱尽。当脱水完成后，按动操作控制板2上的停止转动按钮，即可停机。停机妥当后，先打开外罩，再打开滚筒盖门3，取出地毯，然后再关上滚筒盖门，盖上外罩。至此，便完成了地毯在脱水机中的脱水任务。

地毯脱水机虽以地毯清洗和脱水为主，但其他清洗物品，如座套、车垫、工作服、美容装饰中心职工用的衣被、毛毯等，在清洗后，也可用它脱水处理，效率很高。

课题8　汽车装饰常用工具和设备

汽车装饰中，除常用的各种扳手、旋具、钳子和锤子以外，还应具有下列工具和设备。

一、缝纫裁剪用工具

1. 皮尺

用布料或塑料制成的柔软的可卷起的长度量具，通常叫皮尺，其度量的刻度有米制、市制等刻度。标准量程有1m、1.5m和2m的。

2. 曲尺

曲尺一般用木板或塑料板制成的带有常用曲率的曲线尺，有大的，也有小的。

3. 直尺

用薄木板或塑料板制成。有标准刻度，常用的规格有700mm、1000mm等。

4. 剪刀

剪刀有裁剪专用剪刀，其剪刀片较长，也较一般剪刀片宽大。还有一般常用剪刀、小型弹簧剪刀等。

5. 划线笔

在剪裁中，常用石笔或专用的划线色片在布料上划出裁剪线，以供裁剪或缝制时使用。根据裁剪的布料不同，选用的划线笔也不一样，以方便线条清晰而又不污染布料为原则。

二、专用工具

1. 拉铆枪

拉铆枪的外形如图 4 – 29 所示。

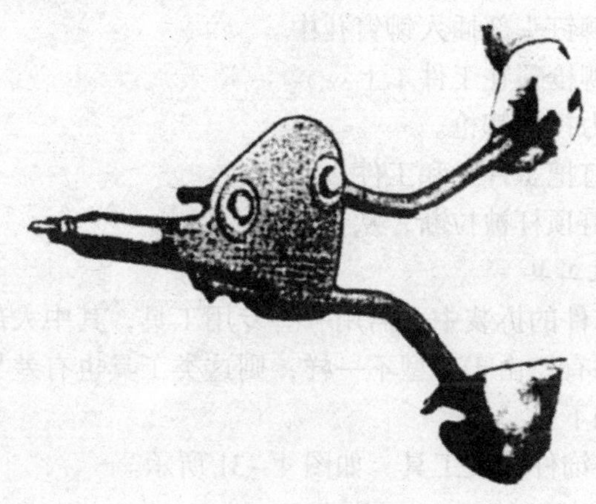

图 4 – 29　拉铆枪

这种拉铆枪是用于无需在铆钉的背后有加工孔，并有相当高的强度，若使用数量足够的铆钉所形成的接点是非常牢固的。对装饰或维修中采用弹射铆钉连接是最简易、费用最少的连接方法。事实上，在装饰和维修中，采用这种铆接方法用于永久性的连接或暂时性的紧固都是最佳选择。这种拉铆枪的连接原理如图 4 – 30 所示。

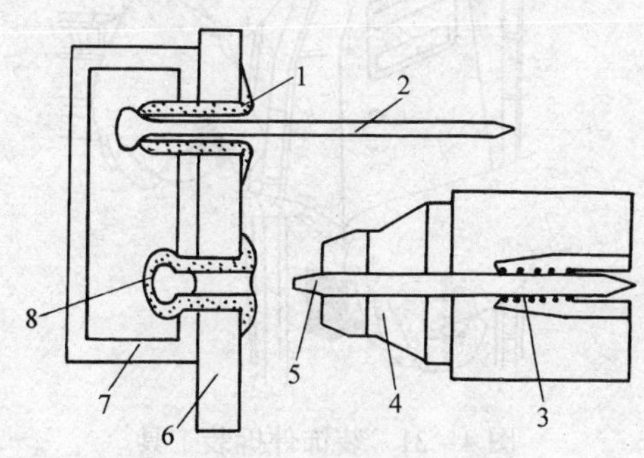

图 4 – 30　拉铆连接原理

1—铆钉（专用铆钉）　2—铆钉顶杆（铆后断落）　3—铆钉器拉爪　4—拉铆枪头部　5—顶杆（铆后断落）　6—工件 1　7—工件 2　8—铆接后的铆钉

拉铆连接过程如下：

1）配钻铆钉孔。

2）将专用铆钉放在拉铆枪中。

3）将铆钉头部插入铆钉孔中。

4）拉铆枪顶在工件 1 上。

5）用力拉动铆枪。

6）铆钉把工件 1 和工件 2 铆接上。

7）铆钉顶杆被拉断，从拉铆枪中落出。

2. 拆装工具

在装饰件的拆装中，需用一些专用工具，其中大部分在随车工具箱中备有，由于车型不一样，则这类工具也有差异。现举例简单介绍如下：

（1）装饰件拆装工具　如图 4－31 所示。

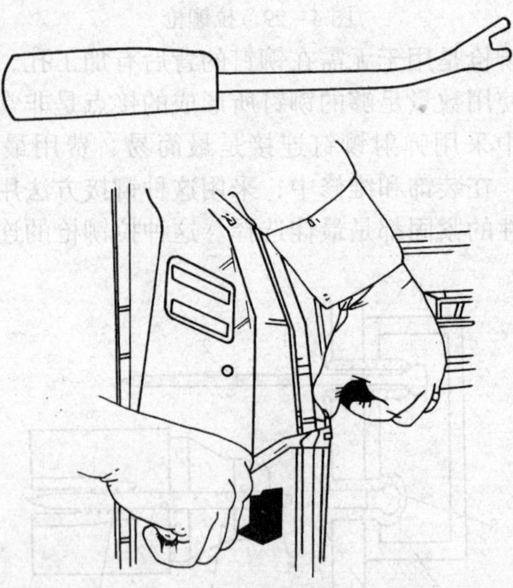

图 4－31　装饰件拆装工具

（2）门手柄拆装专用工具　如图 4－32 所示。

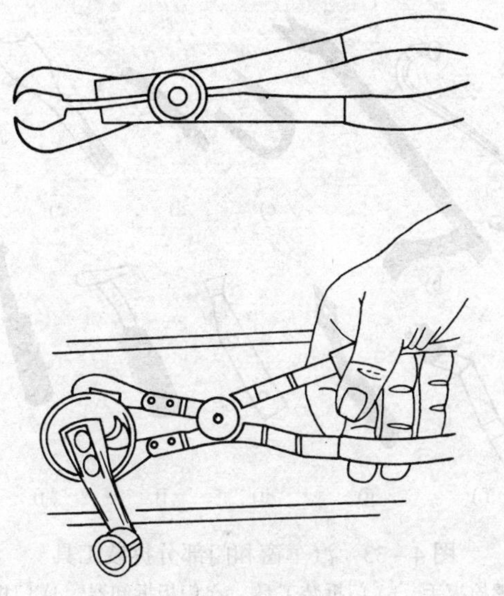

图 4-32　门手柄拆装工具

(3) 门窗装饰拆装工具　如图 4-33 所示，这类尖叉形状的装饰拆装工具，可用于撬起装饰件的小钉、弹簧、夹子及其他紧固件。每种专用工具都有它的使用范围，并且与车型及总成结构有密切的关系。

三、常用设备

1. 气动旋具

动力旋具有电动和气动两类。气动旋具与电动旋具不同，气动旋具始终在冷态下运转，即使经常使用也不会烧坏。气动旋具可用于各种类型的螺钉拆装。

气动旋具把柄分为直柄式和枪把式两种，如图 4-34 所示。

2. 热风枪

热风枪在汽车美容装饰和维修中有许多用途，是不可缺少的设备。它可用于所有乙烯树脂车顶的装饰和维修，也可用于其他塑料件的装饰和维修，例如面板的热压装配作业和快速干燥。在粘贴施工中，为加速胶粘剂的固化，采用热风枪加热，可提高粘

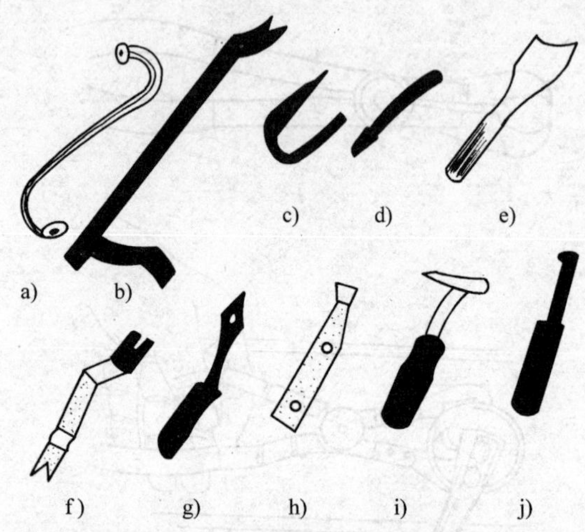

图 4－33 汽车窗和门部分拆装工具

a）门铰链螺栓扳手 b）门拆装工具 c）门板拆卸器 d）门板拆装工具 e)、f）门手柄拆装工具 g）装饰垫片拆卸器 h）窗嵌条分离工具 i）风窗锁定条安装工具 j）风窗拆卸器

接速度和质量。

典型的热风枪如图 4－35 所示。

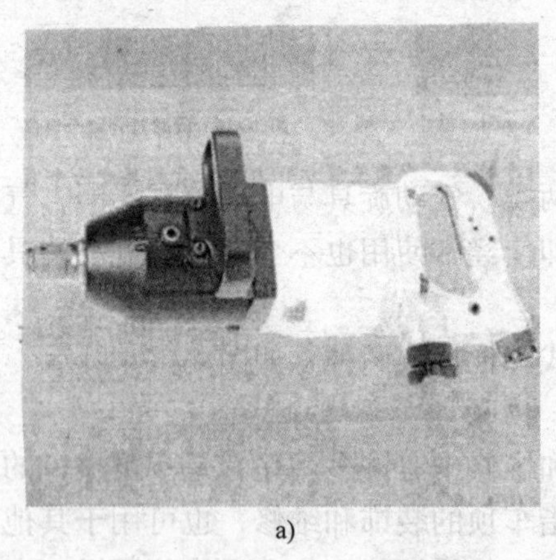

a)　　b)

图 4－34 气动旋具

a）直柄式 b）枪把柄式

图 4-35　热风枪

3. 热空气塑料焊机

热空气塑料焊机是采用陶瓷或不锈钢制成的电热元件来产生热空气（232～343℃），通过喷嘴喷到塑料上。空气由车间的压缩空气系统供应，不可使用氧气或其他可燃气体。这种热空气塑料焊机的焊炬筒体相当热，若皮肤长时间与热空气直接接触就会导致烧伤。焊炬与焊条一起使用，焊条直径一般为 5mm 左右。

典型的热空气塑料焊机如图 4-36 所示。

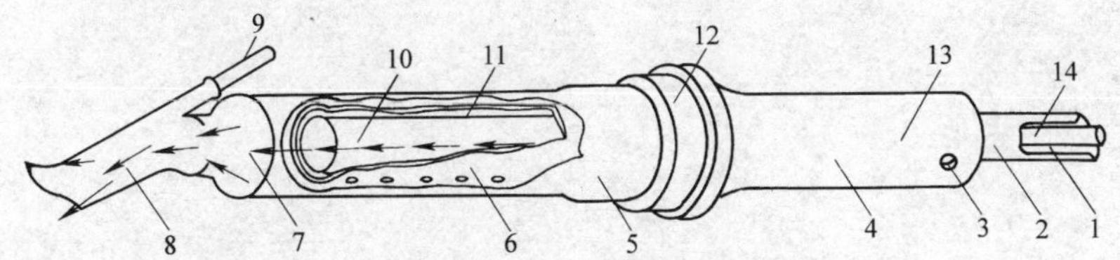

图 4-36　典型的热空气塑料焊机

1—压缩空气或惰性气体　2—空气软管　3—螺栓　4—手柄　5—外筒体　6—内筒体　7—热空气　8—焊嘴　9—螺纹喷嘴　10—不锈钢电热元件　11—加热室　12—扳手螺母　13—冷空气　14—交流电源线

塑料焊炬最常用的焊嘴有以下 3 种形式：

（1）定位焊嘴　在焊接前需把断开部位定位粘合。如果定位不准，还可很容易地把粘合焊缝断开，重新对准粘合。

（2）拐角焊嘴　用于填充小孔，也可用于短程焊接、难以施焊位置的焊接以及空间狭窄或特别尖锐拐角处的焊接。

（3）快速焊嘴　用于长而直的焊缝焊接。快速焊嘴夹持着焊条并自动把焊条预热，然后将焊条向焊接处进给，所以焊接速度较快。

单元五　汽车车身美容护理

课题1　车身日常美容护理

一、汽车的普通日常护理

1. 普通日常护理的特点

1）经常性的一般清洗，可以保持车身清洁，无污渍。

2）利用一般的护理产品，对汽车进行常规的清洗护理，使车身清洁、靓丽，保护车身免受氧化腐蚀，防止紫外线、酸雨等的侵蚀和老化。

2. 适用范围

适用于一般中、低档车的日常护理。

3. 操作方法

1）根据待洗车的具体情况，选择适合的清洗液，按清洗液的使用要求及操作方法进行使用和操作。

例如：选用“万用清洁剂”，能去除各种漆膜、玻璃及金属制品表面的污垢，不损伤漆膜、塑料及橡胶制品表面，为泡沫清洗剂，适合一般清洗用。使用时，直接将万用清洁剂喷涂到待清洗的表面上，使泡沫停留 1min，然后用干净的抹布擦拭干净即可。

注意不要使泡沫完全干后再擦拭。

2）清洗之后，使车身表面清洗并干燥，然后选用汽车车蜡进行保护。

例如：选用亮光蜡进行保护。此产品具有光亮持久，品质稳定，能在漆膜上形成保护膜，防止氧化、酸雨腐蚀和雨水浸蚀等，使漆膜不沾灰尘，色彩更加鲜艳。使用时，将亮光蜡直接均匀地喷涂到车身表面即可。

注意喷涂时，车身应是凉的，避免热时使用。

3）取真皮清洗上光保护剂，对内室进行清洁护理。

操作方法是：先将上光保护剂喷涂在柔软的毛巾上，用其均匀地擦在皮革表面上，然后用另一块柔软干净的布擦干即可。

4）选用多功能清洁柔顺剂，对汽车内饰、后备箱进行清洁护理。

操作方法：将柔顺剂喷洒到待清洗物表面上，然后用柔软的擦布轻轻擦拭干净即可。

5）选用仪表板上光保护剂，将其喷涂在仪表板上，然后用无纺布擦拭干净即可。

6）选用轮胎泡沫清洗剂，对轮胎进行清洗，然后用洁净的布擦干，再涂上亮光蜡即可。

二、轿车漆膜的日常护理

对轿车漆膜进行日常护理，主要是保证轿车漆膜清洁、靓丽为目的，可保护漆膜的装饰效果，延长使用寿命。

1. 操作方法

1）雨天应每天清洗车一次。洗去车身漆膜上的泥水，可用清洁的自来水冲洗，冲洗压力小于7MPa，冲洗后用柔软的干毛巾将水痕擦干即可。

2）晴天应每隔2~3天清洗车一次，清洗方法和要求同雨天一样。

3）冲洗后擦拭时，要以车身纵向直线擦拭，擦拭用的柔软干毛巾或细海绵，应清洁、无沙粒，否则会在漆膜上留下轻微划痕。

4）清洗之后，用纯棉柔软的细毛巾粘上镜面保护乳液，在漆膜上涂匀擦拭；然后打磨抛光。打磨抛光，可用手工进行，也可用抛光机进行。在进行打磨抛光时，应在阴凉无风处进行，否则会影响打磨抛光的效果。

2. 注意事项

1）冲洗后的擦拭，不能用油污的抹布或含有沙粒的海绵等对漆膜进行擦拭，否则会重新污染清洗后的漆面，同时会在漆膜上留下划痕。

2）不允许使用粗布、粗的干毛巾、干海绵、干鹿皮擦拭漆膜，以防留下划痕。

3）不要用旋转方法擦车，避免留下旋转的划痕，造成陈旧感觉。

4）不要使用汽油清除膜上的沥青，以防造成对漆膜的损坏。

5）不要在烈日或风沙的露天环境中进行打蜡抛光，否则会影响漆膜的打蜡抛光质量和效果。

6）对漆膜上已有的严重缺陷，如氧化、失光、斑点、龟裂、划痕等，由于不属于日常护理的内容，应在专项美容处理时进行处理。

课题 2　车身漆膜的美容护理

一、汽车漆膜美容分类

在汽车美容专业中，漆膜美容护理一般分为 3 种类型：

（1）修复美容　在汽车喷涂后或短暂使用一段时间后，汽车漆膜会出现一定的缺陷，对此缺陷进行消除的美容护理，称为修复美容。

（2）护理美容　为保护汽车漆膜，使漆膜色泽靓丽持久而进行的漆膜护理，称为护理美容。

（3）翻新美容　当汽车行驶一定时间后，车身漆膜会粗糙失光，不需重新喷涂而进行的美容处理，使之达到原车的漆膜效果，称为翻新美容。

二、修复美容操作方法

1. 打磨

对于新喷漆膜出现的流挂、桔皮、尘粒、针孔等缺陷的修复美容，首先是进行打磨，打磨必须是在漆膜完全干燥后才可进行。

（1）大面积打磨 当漆面出现缺陷的面积较大时，首先应选好打磨工具，如选用费斯托电动偏心振动圆型细磨机或气动圆型细磨机，及与之配套的美容砂纸 P1500。打磨时适时加少量水。细磨机用中挡速度均匀打磨处理部位，要尽量使磨垫底盘平放于打磨部位。这样可获得更好的平稳性，并减少损坏漆面的机会。打磨时应防止高速打磨产生的热量使磨削的粉尘粘在砂纸表面上而产生新的漆面划痕。

（2）小面积打磨 对于小面积或点状颗粒的尘土，可用费斯托手动小打磨头 D36，配费斯托自粘式专用水砂纸 P2500 平稳打磨。打磨时应保持磨头垂直于物件表面，磨头要在尽量小的圆圈内运动，并在砂纸表面涂上一些肥皂，以减小阻力。将有问题的漆面打磨之后，进行抛光。

2. 抛光

将水溶性抛光蜡均匀涂在已打磨好的表面，用中号抛光机 RAP150－03E 配合费斯托抛光用软毛毡进行抛光。在抛光过程中使用喷雾瓶向工件表面及抛光毛毡喷水，以防发热后抛光剂和漆面粘着。具体方法是：先将抛光机转速调整为 900～1600r/min 进行扩散抛光，把磨过的砂纸痕磨平，然后再将转速调整为 1900～2500r/min 进行高光洁度抛光。经过抛光后的漆面要上光蜡保护，用中号抛光机加细海绵球及水溶性漆膜保护蜡，用中低速涂匀，封闭保护 10min，使蜡中的高分子聚合物覆盖在漆膜表面上，最后再用中号抛光机配费斯托清洁羊毛球进行保护性抛光。

3. 注意事项

1）在维修打磨消除漆膜缺陷的最后抛光时，应选用超细抛光剂，尽量减少存在打磨痕迹。

2）根据汽车漆膜涂料的性质，选用适当的打磨抛光材质和方法，以提高汽车面漆装饰质量要求。

3）打磨区域尽可能小些，不要做往复运动打磨。否则，磨痕难以消除。

4）机械抛光时，一般采用低速抛光，慢速抛光可避免产生静电和漆膜高温，防止损伤抛光漆膜。

5）抛光垫或羊毛球等必须清洁、无沙粒、粉尘及硬物等，切记勿用腐蚀性溶剂冲洗羊毛球，否则会损伤漆膜或羊毛球。

6）抛光时，要时刻注意漆膜的抛光状态，防止磨透漆膜或灼伤漆膜。

三、漆面美容护理

这是汽车在正常使用中进行的护理，以保证漆膜光洁靓丽，提高装饰性，并可延长汽车漆膜的使用寿命。

1. 操作方法

1）用中性清洁液清洗车身各部位的油污与脏物。

2）用中号抛光机 RAP150－03E 及细海绵球配合水溶性漆膜保护蜡，将漆膜保护蜡涂在海绵球的表面，用中速 900～1600r/min 均匀地涂抹在车身表面，封闭 10min 后改用羊毛球进行抛光，除去表面的浮蜡。

2. 注意事项

1）洗车时必须用清洁的自来水，压力要小于 7MPa。

2）沿车身纵向擦洗时，即使不慎留下了轻微划痕，从整体上观察也会很光洁；应用纯棉毛巾蘸上镜面保护乳液在漆面上涂匀擦拭。

3）美容护理时，最好在阴凉无风处进行，以免影响打磨抛光的质量。

4）不得用干布、粗糙的干毛巾、干海绵等擦拭抛光的漆面，以防留下划痕。

5）勿旋转擦车，避免留下无序擦痕。

6）勿用汽油清除漆面上的油污，以防损坏漆面。

7）勿在阳光下或风沙天气进行露天护理，防止影响上蜡抛光质量。

四、漆面的翻新美容

汽车的漆面长时间不进行护理或行车中受到腐蚀损坏，漆面受到氧化腐蚀，色彩变暗，必经进行适当的修复处理，才能重展新容。翻新美容方法如下：

1）确认没有严重的刮伤后，对车身表面用清洁液彻底清洗，选用电动细磨机或气动细磨机配合专用超软连接垫和超软型尼龙细纱网 S1200 用中速将氧化膜除掉后，再用快干清洁剂进行清洁处理。

2）用抛光机 LEX150/3M 配合专用粗海绵球配水溶性抛光粗蜡去掉氧化膜，将抛光蜡涂于海绵球表面用中速（1600r/min）扩散研磨一遍，以调整漆膜纹理。

3）将水溶性抛光细蜡加少许水分均匀涂抹在需要抛光部位，改用羊毛球，抛光机选中速 1900 ~ 2200r/min，将砂纸纹抛掉使光泽产生。在抛光过程中，尽量使羊毛球保持湿润，防止过热损伤漆面。

4）进行上光封闭保护，用水溶性漆膜上光保护蜡和海绵球将蜡均匀涂在车身表面，10min 后用洁净的羊毛球抛光，使漆膜表面焕然一新。

经过专业美容后的汽车，可在较长时间内保持光洁如新、漆面色泽艳丽，如镜面般光亮。

五、漆面划痕的修复

1. 微划痕的修复

这种缺陷主要表现在漆膜表面原来的护理层或罩光漆层被划，尚未伤及面漆。具体修复方法如下：

1）用高压水冲洗表面并擦干，清除浮沉、泥土及污物等。

2）若车身污垢较重，则用清洗剂，或用美容粗蜡，配合 PN05723 白色波浪海绵轮及 PN05717 托盘与气动或电动抛光机，以 1500 ~ 2500r/min 中速抛光，可一次轻易去除细小划痕、砂痕等缺陷。

3）用美容手蜡和多功能擦拭纸进行手工抛光，可有效地清除细部污垢，可使漆膜长久保持镜面效果。

2. 中度划痕的修理

这种缺陷主要表现在漆膜划伤到底漆层，但尚未划破底漆层。

1）用脱蜡洗车液去除残蜡。

2）用细毛笔、漆笔或喷枪，将底漆均匀涂布在划痕处，应涂布 1～3 层。

3）用脱蜡洗车液除去划痕周围的污垢及残蜡。

4）确定汽车中涂层漆和面漆的种类、牌号，或可代用的涂料品种。

5）用电脑配漆或找出相应的划痕漆。

6）将配好的漆倒入微型喷枪。

7）先将喷枪在废纸上试喷，直到喷射均匀为止。

8）把喷枪放到距划痕一定距离处，开始喷漆，以常速对划痕覆盖式喷涂，不宜过厚。每隔 2～3min 喷涂一层，直到把划痕全部覆盖为止。喷涂时，应按底漆→中涂层漆→面漆→罩光清漆的顺序进行，喷涂时按喷涂→干燥→打磨的程序分别进行。

9）将划痕周边溅出的漆，用蘸过稀释剂的洁净拭布擦掉。

10）每喷涂一种漆之后，需进行适当的干燥、打磨，然后才能喷涂第二种漆。

11）直到按本车的涂层漆类喷涂完毕，然后进行打蜡、抛光护理。

3. 深度划痕的修复

这种缺陷主要表现在划痕已伤及底漆，可见到金属，但对金属无损伤。

(1) 用脱蜡洗车液去除残蜡及周围的污垢。

(2) 用 600 号砂纸，将划痕棱角打圆。

(3) 用含有原子灰的底漆涂于划痕处，应涂 2～3 层。

(4) 待底漆干燥后进行打磨，然后按照中度划痕处理的措施，继续处理，直到护理抛光为止。

4. 创伤划痕的修复

这种缺陷主要表现在碰撞擦伤严重而出现的划痕，金属也受到划伤。

1）底材金属表面有划痕，但未划穿金属且金属又没有变形，可按以下措施修复。若金属有变形，应先修复金属变形后，按如下措施修复。

2）用深切研磨剂，将划伤处整块面积研磨。

3）用 80～150 号水砂纸，将划痕及周围的金属表面进行打磨。

4）用脱蜡水或溶剂，将划痕处进行清洗并擦干，或用压缩空气吹干。

5）用速干原子灰，刮涂在划痕打磨部位，待干燥后进行打磨，用 100 号干砂纸打磨平整。

6）再次用脱蜡洗车液，将打磨处清洗干净并擦干，或用压缩空气吹干。

7）用遮盖纸和胶带，将不喷涂处进行遮盖。

8）用喷枪喷涂两层底漆，然后再喷涂两层厚底漆。干燥后用 600 号砂纸磨平底漆。

9）用 1500 号砂纸，将周围部分打磨平整，并用溶剂擦干净。

10）将调好的与原中涂层漆一样的中涂层漆，先薄薄地喷涂在打磨好的底漆上，稍干后再喷涂中涂层漆 2～3 层，每层间隔时间为 5～15min，每喷涂一次，喷涂范围适当向外延伸 25mm 左右。干燥后对中涂层漆进行打磨平整，并清洗干燥。

11）喷涂面漆层，按面漆的施工要求，喷涂面漆，并进行干燥、打磨、清洗、干燥。

12）喷涂清漆，按清漆的施工要求，喷涂清漆，并进行干燥、打磨及抛光，然后清洗、干燥。

13）涂护理美容车蜡并抛光，使划痕得到彻底护理，可使漆膜靓丽如新。

14）拆除遮盖纸，并擦拭漆膜，消除胶带纸印。

5. 塑料件漆膜划痕的修复

塑料件漆膜划伤后，若直接喷涂面漆进行修复，刚开始一段时间还很好，但很短时间后便出现漆膜断裂、脱落现象，使用寿命很短。其根本原因是补漆工艺错误所致。正确的修复工艺如下：

1）打磨划痕部位，可用600号砂纸打磨漆膜划痕部位，并清洗擦拭干净，凉干或吹干。

2）在打磨部位喷涂一层塑料底漆，并使之干燥。

3）在面漆修补漆中，加入专用塑料柔软剂，并调和均匀，然后喷涂在塑料底漆上。

4）待塑料修补漆干后，进行打磨抛光，并清洗干燥。

5）涂面漆美容护理蜡，并抛光护理，即可使漆膜色泽光亮如新。

6）经过正确地修补工艺施工后，可提高漆膜使用寿命，克服了断裂和脱落现象，并提高了塑料件漆膜的装饰效果。

课题3　保险杠及仪表板的美容护理

一、保险杠的美容护理

保险杠大部分都是用塑料制成的，安装在车的前端和后端的下部，是车身前后最突出的部位。在行车中，容易受到刮碰和砂粒的冲击，使保险杠的外部出现不同程度的划痕损伤。

保险杠塑料件上喷涂的面漆，一般与车身面漆不同，大多使用丙烯酸漆、丙烯酸瓷漆或丙烯酸底漆加光亮漆层，有的还在底漆中添加增韧剂。在损伤后修补时要使用相同的塑料件面漆。局部修补时，容易出现面漆色泽的差异。为消除此种现象，往往采用把保险杠的面漆全部重新喷涂一遍，可使色泽保持一致。

1. 汽车保险杠的美容护理

（1）清洗　采用塑料件清洗液，对保险杠的表面进行彻底清洗，去除污物或油垢，彻底干燥，擦干或风干均可。

（2）选用亮光蜡进行美容护理　亮光蜡能在漆膜上形成保护膜，能防止氧化、酸雨和雨水的侵蚀；光亮持久，品质稳定；还能使漆膜不粘灰尘。其操作方法是将亮光蜡直接均匀地喷涂在清洁而干燥的保险杠漆膜上，即可达到对保险杠护理美容的目的。

2. 保险杠的维修翻新美容

当保险杠的漆膜在使用中受到了损伤，甚至穿透底漆层，但尚未使保险杠塑料件断裂时的维修，称为翻新美容。

(1) 清洗　选用“万用清洁剂”，对保险杠漆膜进行清洗。其方法是将本产品直接喷涂在保险杠表面上，使泡沫停留约1min，然后用干净的拭布擦拭干净。

(2) 对漆膜损伤部位进行修复　根据保险杠的材质，采用相应的漆膜面修复工艺进行修复，然后进行美容护理。例如：聚丙烯保险杠漆膜的修复喷涂工艺过程如下：

1) 打磨损伤涂层部位，使其形成薄边。

2) 喷涂聚苯烯底漆并干燥。

3) 对损坏部位涂敷环氧树脂粘性填充剂并干燥。

4) 打磨修理损坏的部位。

5) 对修理部位喷涂聚丙烯底漆并干燥。

6) 喷涂面漆。

7) 喷涂清漆并干燥。

8) 打磨抛光。

9) 修复后的保险杠，进行擦洗并干燥，然后选用亮光蜡进行美容护理。

二、仪表板的美容护理

汽车的仪表板，大部分是用塑料制品加上蒙皮组成。在驾驶室内，不受风吹雨淋，所处环境较好，不易受到划伤和腐蚀。

仪表板的蒙皮，一般都使用人造革制作，一些高级豪华车则用真皮制作。在清洗美容时，选用的护理用品大部分都可通用。

对仪表板进行美容护理，一般选用“仪表板清洁剂”进行清洁护理。此产品能保持车内人造革及真皮的光泽；使灰尘无法沾污；有柠檬香味，不含硅力康；不会损伤漆膜。

此产品主要适用于仪表板，还可用于车门、合成橡胶、塑料制品，人造革及真皮制品等的表面清洗。

使用时，将该产品直接喷涂到仪表板表面上，然后用干净的拭布擦拭干净即可。

课题 4　风窗玻璃、车窗玻璃的美容护理

对汽车风窗玻璃、车窗玻璃进行美容护理，主要就是要求去除玻璃上的氧化物、污垢、油垢等，使之保持清洁光亮。冬季时还应对玻璃进行防冰冻、防雾养护。

一、选用玻璃抛光剂清洁污垢

采用该产品除去玻璃上粘染的柏油、油脂、昆虫尸体、污渍和发乌的氧化层等难以去除的污垢。其操作方法是将该产品喷涂到玻璃制品表面上，然后进行抛光，最后用水清洗并擦干即可。

二、选用玻璃清洗剂进行清洗处理

该产品能除去玻璃表面上各种顽固的沉积物，如润滑脂、油漆等污物。清洗后玻璃表面具有清洁、光亮，不会形成条纹和留下波道，由于该产品中不含硅，所以也不会划伤玻璃表面。其操作方法是将该产品直接喷涂到玻璃表面上，然后用干净的拭布擦拭干净即可。

三、玻璃制品的防雨处理

使用防雨剂，可驱散附着在玻璃上的雨雪，可扩大视线，减轻对驾驶员的压力。

使用时，先用玻璃清洗剂对玻璃表面进行清洗并擦干，然后将少量该产品倒于抛光巾上，按逆时针打圈方式均匀地涂拭到玻璃表面上。闪干时间约为 2 ~ 3min，再用干净的抛光巾抛光；按上述抛光方法重复操作一遍，即完成了风窗玻璃的防雨养护处理。

四、风窗玻璃等的防雾养护处理

使用玻璃防雾剂，可使玻璃制品表面上的雾气立即去除，效果持久。

使用时，先用玻璃清洗剂清洗玻璃制品表面并干燥，然后将该产品喷涂在抛光巾上，再涂拭到玻璃制品表面上。闪干时间至

5min 后，即可抛光。为加强效果，可再按上述方法重复喷涂抛光一遍。

五、风窗玻璃除冰养护处理

冬季行车时，风窗玻璃上有冰雪，影响司机操作。可选用风窗玻璃除冰剂，进行除冰雪处理。

使用除冰剂，将该产品喷洒到玻璃表面上，能使玻璃表面上的积雪、冰层、浓霜等很快溶化，还能去除聚乙烯和镀铬制品表面上的油雾、砂石和尘垢。该产品能保证在零度以下进行喷洒，对汽车无损害。

使用时，将该产品直接喷洒到待处理物表面上，待冰溶化后擦拭干净即可。

课题 5　轮胎的美容护理

一、提高轮胎使用寿命的主要措施

1）保证轮胎的正常使用气压。轮胎的充气压力与负荷有一定的对应关系，应该按车辆使用要求调整。充气压力不能过高，也不能过低，否则均可导致轮胎损伤，甚至发生爆胎等损坏。

2）不要超负荷行驶。承受负荷是轮胎的主要性能，超负荷运行，会加重轮胎的损伤，严重缩短轮胎的使用寿命。

3）尽可能选择良好路面行驶。汽车在崎岖不平或卵石路面上行驶时，轮胎动载荷大、颠簸冲击大，胎侧受曲折的频率增加，温度升高，会使轮胎磨损加重。

4）尽可能使轮胎在正常速度和温度条件下行驶。汽车轮胎若在高速高温条件下行驶，则各种应力应变频率增加，会导致轮胎早期磨损。为此，应尽可能采用措施，使汽车轮胎在最佳速度和温度条件下行驶。当轮胎的温度过高时，不可用冷水浇泼，或放气调压，而应停车散热为宜。

5）提高驾驶技术，合理行车和停车。正确驾驶汽车，尽量减少或避免轮胎打滑、急刹车、急转弯，尽量避开尖锐的障碍物，尽量平衡开车，保持匀速前进。实践证明，合理开车，将有助于对汽车的保养，减少轮胎的损伤。

6）停车时，尽可能避免停在有油污、铁屑、钢渣等不良地面上，否则将会加剧轮胎的老化和磨损。

7）定期换位防止轮胎偏磨。对轮胎进行定期换位，其目的是使轮胎尽量达到均匀磨伤，以提高其使用寿命。可根据汽车轮胎的具体情况，选用适当的换位方法，如斜交叉、左右交叉、前后调换等。

8）选用结构合理的优质轮胎。科技的发展，不论是从轮胎的结构、材质的选用上，还是从制造工艺的改进上，都使轮胎的质量有了很大地提高。选用质量优良的轮胎，是提高汽车使用寿命，减少维护保养费用的一个重要因素之一。目前广泛使用的子午线轮胎就是其一。

9）预防爆胎是正确保养的重要措施。爆胎的原因很多，主要有两种原因：一种原因是结构不合理，材质差，制造工艺有问题等，这些原因可使轮胎质量低劣，容易损伤而爆胎；另一种原因是轮胎缺气行驶，造成爆胎。

二、轮胎的美容护理

1. 轮胎的清洗

（1）轮胎上污物的类型　附着在轮胎上的污物主要是淤泥、污物、油污、焦油（沥青）、蜡膜、油脂以及硅化物等。

（2）清洗方法　可采用高压水冲洗法，洗去轮胎上的淤泥、污物等。同时，边冲洗、边用刷子刷，可除去深嵌在轮胎花纹中的淤泥、砂石等。

（3）用 F003F 沥青清洗剂清洗轮胎　将此清洗剂喷涂在轮胎表面上，稍等 20s 左右，用软刷子对轮胎进行清洗，并用清水将污物冲洗干净，这样可洗去轮胎表面上的焦油、蜡膜、油脂和硅化物等。

（4）再清洗　用万能清洁剂，喷涂在轮胎表面上，再用软刷子进行刷洗，并用清水冲去污物，可达到彻底清洗，除去污物的目的。

(5) 轮胎的干燥　将清洗后的轮胎擦干或自然风干，也可用压缩空气吹干。

2. 轮胎的养护美容

选择适当的轮胎保护液进行养护美容　将轮胎光亮清洁保护液（C003），均匀地喷涂在轮胎表面上（薄薄地喷涂一层即可），自然风干后，即可完成对轮胎的养护美容。

课题 6　新车的开蜡与美容护理

一、新车开蜡的方法

为了保证汽车从制造出厂到用户手中的这段时间里，车身漆面不受损伤，要在车身面漆层外喷涂一层保护蜡。到用户手中时，这层保护蜡就应该去掉。去掉这层保护蜡的工作，就叫新车开蜡。

新车开蜡可根据蜡的不同品种而采用不同的方法。常用的新车保护蜡有两种，一种是油脂运输蜡，一种是树脂运输蜡。

开油脂蜡可采用“绿色清洗剂”环保型开蜡水。这种产品有强大的去油污功能，同时不会对汽车漆造成任何伤害。目前在市场上可见的还有橘香型发动机清洗剂、橘香型多功能清洗剂、“洁碧”焦油清洗剂等。如果是树脂运输蜡，只需买一瓶专业用的脱蜡洗车液即可。

二、新车开蜡注意事项

1）开蜡水喷涂在车身表面上后，要稍等1~3min，让它软化一段时间，以便冲洗。

2）开蜡水把蜡软化后，必须用清水冲洗干净，不能有任何开蜡水和运输蜡残留在车身上。

3）开蜡时不能用煤油、汽油等作溶剂，否则会给车身面漆造成严重损伤。

三、新车漆面的保护美容

新车漆面的保护，在目前主要的一个手段就是打蜡。但不是打普通的蜡，而是打“新车蜡”或“新车保护蜡”。一辆新车，应先使用“新车保护蜡”，在日常洗车后可使用“新车蜡”。

“新车保护蜡”含有大量的高分子聚合物成分，常见的是“特氟隆”。它有很强的抗氧化、抗腐蚀功能，涂抹一次，一般可保持1年之久。

“新车蜡”是一种柔和性好的蜡，一般不含抛光剂。目前，国内普遍使用的是一种叫“隐形车衣”（产品号T—28）的新车保护蜡。它由美国龟牌蜡公司引用“特氟隆”高分子聚合物配制而成，很受国内用户的欢迎。

单元六　汽车油漆护理

课题1　汽车常用底漆

一、国产常用汽车底漆

1. T06—5红、灰酯胶底漆

(1) 性能　附着力强，干后无光，易打磨。

(2) 用途　多用于钢铁、木制品表面打底。

(3) 使用方法　使用前充分搅拌均匀，用200号溶剂油稀释，喷刷即可，自行干燥或120℃以下烘干。

2. T06—6各色酯胶二道底漆

(1) 性能　含填充料较多，易打磨，干后无光。

(2) 用途　用于底漆和腻子，填补针孔和细小的缺陷。

(3) 使用方法　使用时充分搅拌均匀，用200号溶剂油稀释，可喷涂，刷涂，与油性漆配套使用。

3. F06—1各色酚醛底漆

(1) 性能　有一定的防锈能力，附着力良好，易于打磨，能与硝基漆配套。

(2) 用途　钢铁表面防锈打底，也可用于木制品表面打底。

(3) 使用方法　用200号溶剂油或松节油稀释，喷刷均可，一般喷涂两道，24h干燥。

4. F06—8锌黄、铁红、灰酚醛底漆

(1) 性能　有良好的附着力和一定的防锈能力。

(2) 用途　锌黄色适于铝合金表面打底，铁红、灰色适于钢铁表面打底。

(3) 使用方法　用二甲苯或松节油稀释，喷刷均可，一般涂两道，与醇酸酚醛氨基L04—1沥青磁漆配套。

5. F06—9 铁红酚醛底漆

(1) 性能 附着力强，防锈性好。

(2) 用途 适用于钢铁表面打底。

(3) 使用方法 不能与铁红醇酸底漆 C06—1 混合。

6. F08—10 铁红纯酚醛电泳底漆

(1) 性能 附着力好，防锈性强，涂膜平整，与面漆有良好的结合能力。

(2) 用途 铁红纯酚醛电泳底漆。

(3) 使用方法 水作溶剂，水质要好，用电泳涂装法施工。

7. F06—13 各色酚醛二道底漆

(1) 性能 体质颜料多，干燥快，易打磨。

(2) 用途 填平腻子表面砂眼、道痕及细小缺陷。

(3) 使用方法 用 200 号溶剂油稀释后使用，能喷涂、刷涂。

8. F53—9 偏硼酸钡酚醛防锈漆

(1) 性能 干燥快，防锈性和附着力良好，有一定的防霉性，耐溶剂耐碱性差。

(2) 用途 用于钢铁和防腐设备的打底防锈，可代替红丹酚醛防锈漆。

(3) 使用方法 用 200 号溶剂油或松节油调稀均匀，喷刷均可；与脂胶调合漆、酚醛磁漆、醇酸磁漆等面漆配套。

9. L06—33 沥青烘干底漆

(1) 性能 附着力好，防潮、耐水耐热性好，耐润滑油性能良好。

(2) 用途 用于汽车车架，车轮挡泥板等。

(3) 使用方法 用 200 号溶剂油稀释后，喷刷均可，涂在经磷化处理的金属表面最佳，并进行烘烤干燥处理。

10. L06—37 沥青烘干底漆

(1) 性能 经高温烘干后，防潮耐水性良好，涂膜坚韧性、附着力和耐润滑油性比 C06—3 好。

（2）用途　用于金属表面打底。

（3）使用方法　用200号溶剂油或二甲苯稀释后喷涂。

11. L44—1 铝粉沥青底漆

（1）性能　有优良的耐水性和防锈能力，涂膜坚韧，附着力强，可常温干燥。

（2）用途　汽车底盘、水箱和其他金属表面，可作铝质物面防锈用。

（3）使用方法　用重质苯、煤焦油溶剂或X—8沥青漆稀释剂稀释，以刷涂为主，与沥青防锈漆、氯化橡胶配套。

12. L44—2 沥青船底漆

（1）性能　有优良的耐水性和防锈能力，涂膜坚韧，附着力强，可常温干燥。

（2）用途　适于汽车底盘、水箱打底用。

（3）使用方法　用重质苯、煤焦油溶剂或X—8沥青漆稀释剂稀释，以刷涂为主，与沥青防锈漆、氯化橡胶配套。

13. C06—1 铁红醇酸底漆

（1）性能　干燥快，有良好的附着力和防锈性，与硝、氨基等多种漆结合力强。

（2）用途　用于各种车辆和机械设备的底漆。

（3）使用方法　用X—6稀释剂或松节油、二甲苯稀释，喷刷均可，可常温干燥或烘105℃±2℃干燥。

14. C06—10 醇酸二道底漆

（1）性能　涂膜细腻，干后易打磨，对腻子或底漆有良好的结合能力。

（2）用途　主要用于腻子表面填补针孔、砂眼和细小缺陷。

（3）使用方法　用X—6稀释剂或松节油、二甲苯稀释后，以喷涂为主，常温干燥或烘烤干燥。

15. C06—11 铁红醇酸底漆

（1）性能　附着力好，防锈能力较好。与C04醇酸磁漆配套使用，结合能力良好。在一般气候条件下耐久性好，在温热带较差。

（2）用途　拖拉机用底漆。

（3）使用方法　用二甲苯或松节油稀释，喷刷均可，常温干燥或烘干。

16. C06—17 铁红醇酸底漆

（1）性能　干燥快，附着力好，耐硝基漆性能良好。干后不易互溶或咬起。

（2）用途　汽车或小五金等表面打底，也可在钢铁表面防锈打底用。

（3）使用方法　用二甲苯或二甲苯与松节油混合剂稀释，可喷涂，也可刷涂。

17. Q06—4 各色硝基底漆

（1）性能　涂膜干燥快，易磨平。

（2）用途　适用于汽车耐汽油和耐润滑油部件、铸件等金属表面打底。

（3）使用方法　用 X—2 或 X—1 稀释剂调整稠度，适合喷涂，与硝基和醇酸面漆等配套。

18. Q06—5 灰硝基二道底漆

（1）性能　喷涂在硝基底漆或腻子表面，干燥迅速，易打磨。

（2）用途　主要用于腻子表面，填平砂眼，封闭底层。

（3）使用方法　用 X—1 稀释剂调整稠度，以喷涂为主。与硝基磁漆配套。

19. G06—4 铁红、锌黄过氯乙烯底漆

（1）性能　干燥较快，耐油、耐候性、耐化学性、防锈性比铁红醇酸底漆强，但附着力差。

（2）用途　用于汽车和机床设备及各种金属或木器表面打底。

（3）使用方法　用 X—3 过氯乙烯稀释剂调至 14～20s，配合磷化处理或涂 X06—1 磷化底漆性能更好，在湿度超过 70% 时，

加入 F—2 防潮剂以防发白，常温干燥 2h，经 60～70℃烘干效果更好。

20. G06—5 过氯乙烯二道底漆

(1) 性能　干燥快，填孔性好，易打磨。

(2) 用途　用于腻子表面，填补细小针孔、道痕、封闭腻子层。

(3) 使用方法　用 X—3 过氯乙烯稀释剂，根据浓度配合 F—2 防潮剂使用，可与过氯乙烯磁漆配套使用。

21. H06—2 铁红锌黄环氧底漆

(1) 性能　涂膜坚硬耐久，附着力好。

(2) 用途　铁红环氧底漆适用于黑色金属，锌黄环氧底漆，适用于有色金属打底，如与磷化底漆配套使用，可提高涂膜防潮、防盐雾及防锈性能。

(3) 使用方法　用二甲苯稀释后，喷刷浸均可。可与环氧、氨基磁漆配套使用，自干烘干均可。

22. H06—33 铁红锌黄环氧底漆

(1) 性能　具有优良的附着力和耐水性、耐化学药品性。

(2) 用途　是轿车使用的环氧醇酸底漆、铁红环氧底漆，用于黑色金属表面，锌黄环氧底漆用于有色金属表面。

(3) 使用方法　二甲苯∶丁醇＝4∶1 混合溶剂稀释，施工前充分搅拌均匀，可常温干燥或烘干。与 A05—9 氨基烘漆、Q04—2 硝基外用磁漆、G04—9 过氯乙稀外用磁漆等配套使用。

23. H06—43 铁红、锌黄脂烘干环氧底漆

(1) 性能　涂膜烘干后坚韧，耐久，附着力好；若与 X06—1 磷化底漆配套使用，涂膜的防潮、防盐雾、防锈性更好。

(2) 用途　用于汽车、机床等表面打底，铁红色多用于黑色金属表面，锌红色多用于轻金属表面。

(3) 使用方法　用二甲苯稀释后，喷刷浸均可。可与环氧、氨基磁漆配套使用，自干烘干均可。

24. H06—11 铁红、锌黄环氧醇酸底漆

(1) 性能　涂膜坚韧，耐温性良好，附着力和防锈能力比酚

醛底漆好，仅次于H06—2铁红锌黄环氧底漆。

(2) 用途　汽车、机械设备等打底用。

(3) 使用方法　用二甲苯稀释后，喷刷浸均可。可与环氧、氨基磁漆配套使用，自干烘干均可。

25. H06—5铁红环氧脂电泳底漆

(1) 性能　水溶性漆，无毒，不燃烧，其附着力、耐水防潮性与环氧底漆相同。

(2) 用途　主要用于汽车工业。

(3) 使用方法　自动流水线生产，与环氧、氨基等磁漆配套使用。

26.H06—10环氧脂富锌底漆

(1) 性能　涂膜坚韧，附着力强，耐磨、耐潮、耐腐蚀性优良，有阴极保护作用。

(2) 用途　主要用于汽车底盘和零部件打底。

(3) 使用方法　用二甲苯溶剂稀释，可涂刷物件表面2道，每道间隔24~48h。与环氧沥青面漆配套。

27. H06—12环氧脂醇酸二道底漆

(1) 性能　涂膜附着力强，易打磨，常温干燥。

(2) 用途　作腻子封闭底漆和填孔用。

(3) 使用方法　用二甲苯稀释后以喷涂为主，与环氧氨基漆等配套。

二、美国杜邦底漆

1. 150S多效用表面平整底漆

(1) 特点　该底漆具有附着力和防腐性能强、喷涂后涂膜平滑等特点，可用于各种材料的基体上；并可与各种面漆相配套使用，既可作一般底漆，又可作二道中涂底漆，能消除腻子砂孔和砂纸打磨痕迹，干燥迅速，干燥后打磨性能好。

(2) 施工方法　施工中以1份底漆加1.5份X—1硝基稀释剂，以喷涂施工为主，一般喷涂两层即可达到质量要求，每层间隔时间10~20min，待30min后便可打磨。

2．1020 万能底漆

（1）特点 1020 万能底漆对铁、铝等裸金属具有优良的附着力，以及良好的防腐、防锈性能，而且该底漆还可以在原有旧漆上施工，也不会引起收缩、下陷等缺陷，因此，具有优良的密封性和隔离性。

（2）施工方法 是双组分底漆，配比为 1020 底漆:125S 硬化剂:1025 稀释剂 = 4:1:2（体积比）。当底漆与硬化剂混合后，必须在 1.5h 内施工完成，喷涂工具必须在喷涂后马上清洗干净，施工时喷枪压力为 0.4 ~ 0.5MPa；喷涂一层厚度约达 40 ~ 60μm，相当于普通底漆的 2 ~ 3 层；喷涂若在 20℃时，2h 后即可打磨。

三、英国 ICI 牌底漆

1．P565—597 防腐蚀底漆（磷化底漆）

（1）特点 P565—597:P275—61（磷化底漆:固化剂）= 1:1（体积比）。该底漆能为裸金属提供极好的附着力和防锈能力，能为多种金属，如钢铁、铝、白铁皮、镀锌铁板等作防锈底漆。

（2）施工方法 施工中只需喷涂一层便有足够的厚度，不需打磨，接着可喷涂其他底漆 3 层。但磷化底漆不能喷涂在腻子（原子灰）上，否则影响附着力。

2．P565—761 填充多用途底漆两类

（1）特点 P565—761:P210—760/770:P850—1275/1276（填充底漆:固化剂:稀释剂）= 4:1:0.5（喷灰）或 4:1:1.5（二道底漆）（体积比），该底漆具有很好的附着力，并有一定的填充性能。适用于钢铁、铝合金等金属表面，以及玻璃纤维及打磨后的旧漆面作底漆；还可用于中涂层二道底漆；但 761 底漆不适用于丙稀酸漆及硝基漆作局部修补。

（2）施工方法 施工喷涂压力为 0.25 ~ 0.4MPa；施工喷涂厚度：喷涂三层，头道底漆为 200 ~ 300μm，二、三道底漆为 100 ~ 125μm；干燥时间：头道底漆，20℃自干约 3 ~ 4h，60℃烘烤约 30 ~ 40min，红外线干燥约 20min，二、三道底漆 20℃自干需 1.5 ~ 2h，60℃烘烤约 20 ~ 30min，红外线干燥为 10 ~ 15min；每

层间隔喷涂时间约 5min。

3. P572—167 通用塑料底漆

(1) 特点 该底漆能为一般汽车塑料件制品与面漆之间增加附着力。

(2) 施工方法 施工中 P572—167 塑料底漆不需稀释，直接喷涂二层，约 10min 干燥，然后作面漆喷涂。

4. P572—173 非特殊塑料粘附底漆

(1) 特点 该底漆特为 PVR、PC、PA、ABS、PPO 及 PVC 等塑料使用。

(2) 施工方法 施工中，将其与 P850—1275/1276 稀释剂稀释，稀释比为 P572—173:P850—1275/1276＝3:1（体积比），喷涂压力为 0.3～0.4MPa；喷涂二层，20℃温度下约 1h 干燥，干燥后可作面漆处理。

四、德国鹦鹉牌底漆

1. 285—16 热敏性隔绝底漆

(1) 特点 本品有极佳的防锈性能，可增强底漆与中涂层漆间的附着力，令面漆喷涂后发挥更佳效果。该产品特别适用于气候突变环境，也可用作中涂层漆使用。

(2) 施工方法 按 285—16:929 系列:352—91:（底漆:固化剂:稀释剂）＝4:1:1（体积比）的配比配制。宜喷涂施工。喷涂压力为 0.4～0.5MPa，施工后 20min（在 20℃时）即可打磨。

2. 285—60 高浓度全天候中涂层底漆

(1) 特点 本品特为汽车喷涂水磨施工研制的，具有极佳的遮盖力和填充性，可作厚膜喷涂。打磨容易，烘烤时间特短，配合快干固化剂无需烘烤也能达到满意效果，适合流水作业及快速修补工作时使用。

(2) 施工方法 按 285—60:929—28/71/73:352—50/91/216（底漆:固化剂:稀释剂）＝4:1:1（体积比），配制。宜喷涂。喷涂压力为 0.4～0.5MPa；施工后 20min（20℃时）即可打磨。

3. 285—95 填充及可调色喷灰底漆

(1) 特点　本品独具填充及调配任何颜色等功能，特有双组分高固体量配方，可按比例加入21系列色系调配，能加强施喷金属漆及珍珠漆的遮盖力，并可作中涂层漆使用。

(2) 施工方法　按285—95:21/22系列=2:1（体积比）和929—28:22/71/73:352—50/91/26=4:1:1（体积比）的比例配制两种底漆。喷涂施工，喷涂压力为0.4~0.5MPa。20℃喷涂20min干燥后即可打磨。

4. 54贵金属银底漆系列

(1) 特点　本品具有极佳的遮盖力，比一般银粉漆持久耐用，可调配出任何车的原厂色。

(2) 施工方法　按54系列:325—91中速稀释剂=3:1（体积比）配制。以二次喷涂方式使用，喷涂施工，喷涂压力为0.4~0.5MPa。20℃喷涂20min干燥后即可打磨。

5. 934—0 塑料专用单组透明底漆

(1) 特点　本品对塑料基体有很强的粘着性能，确保面漆耐久附着，能克服一般漆从塑料基体上脱落的问题。

(2) 施工方法　不需添加任何稀释剂或助剂，施工时采用喷涂法；喷涂施工，喷涂压力为0.4~0.5MPa。20℃喷涂20min干燥后即可打磨。

五、意大利爱犬牌底漆

1. 90全能封闭底漆（1841、3040）

本品为双组分聚酯填料，具有快干、填充力高和封底力强等特点，可加入质量分数为20%TC素色漆增加底色，适用于大小面积的修补。固化剂为1956、3267。

2. 聚氨酯封闭底漆（1841、0201）

本品为双组分聚酯透明封闭底漆，具有干燥快、侵蚀封底能力强、透明而无需遮盖等优点。固化剂为1956、0201。

3. 2:1/3:1 亚加力封闭底漆（1841、0203/0210）

适合任何用途的双组分透明封底漆，用于有不同吸收表面涂层的车身作封底；清除性质不明的旧漆或处理还没有完全干燥的新漆时，可用本品。固化剂为 1954、4000（25℃以上慢干），1954、6000（25℃以下快干），1954、8000（任何温度快干）。

4. 全能防锈填充底漆（4853、3200）

本品为双组分环氧基中涂底漆，也可作媒介性底漆使用，可直接喷涂在砂磨过的裸金属板面上，具有高的抗腐蚀性、优良的填充力及光泽持久等，对多种底材及裸金属板有良好的附着力，且快干易打磨。固化剂为 4853、3200（快干）、4853、3201（标准）。

5. 1K 亚加力底漆（1851、9290/91）

本品为单组分丙稀酸中涂底漆，对面漆有极好的附着力，快干易打磨，适用于快速局部面积修补。

6. 4:1/5:1 填充底漆（1856、4020/3010）

本品为高固型双组分中涂底漆，具有填充力强，快干易打磨等优点；对面漆有极好的附着力，常用于局部或全部车身修补；5:1 填充底漆还可用作非打磨的底漆或可调色的封底漆。固化剂为 1954、4000（25℃以上慢干），1954、6000（25℃以下快干），1954、8000（任何温度快干）。

7. 调色底漆（1841、0205）

本品为双组分调色中涂底漆，可与 TC 素色漆混合使用，令低遮盖力面漆易于覆盖，也可用于珍珠面漆的打底色程序；可用干对干或湿对湿的操作方法施工。

8. 喷枪填料（喷压）（1858、3300）

本品是一种造型极好的聚酯喷雾填料，快干易打磨，适用于填充凹痕或厚漆膜的修补。固化剂为 1952、4202。

课题 2　汽车常用面漆

一、常用的国产汽车面漆

1. Q01—1 硝基清漆

（1）特性　干燥快，有良好的光泽和硬度，涂膜耐久性好，可抛光。

(2) 使用范围　与汽车外用硝基漆配套使用，调入色漆内罩光，也可用于木制品罩光。

2. Q01—18 硝基皮革清漆

(1) 特性　干燥快，光泽较好，柔韧性强。

(2) 使用范围　适用于皮革、人造皮革表面罩光。

3. Q01—23 硝基清烘漆

(1) 特性　涂膜烘干后硬度高，光泽好，耐汽油和耐润滑油性能强，可抛光。

(2) 使用范围　适用于空气滤清器、汽油滤清器等。

4. Q04—2 各色硝基外用磁漆

(1) 特性　干燥快，涂膜较硬，光亮，可抛光上蜡。

(2) 使用范围　适用于汽车车身和汽车总成大修时用漆。

5. Q04—17 各色硝基醇酸磁漆

(1) 特性　光泽好，耐大气性良好，3 个月内不宜打蜡。

(2) 使用范围　适用于车身用漆或其他机械设备用漆。

6. Q04—31，Q04—34 各色硝基磁漆

(1) 特性　涂膜光亮平滑，涂膜经 100～110℃ 2h 烘烤，机械强度更好，耐候性比 904—2 漆好，能抛光打蜡。

(2) 使用范围　适用于中、高级轿车车身。

7. Q04—32 各色硝基平光磁漆

(1) 特性　涂膜反光性小，不刺激眼睛，但户外易粉化。

(2) 使用范围　适用于军用车辆。

8. Q04—35 硝基静电磁漆

(1) 特性　涂膜干燥快，光泽好，硬度较高，适于抛光。

(2) 使用范围　适用于汽车金属表面静电喷涂。

9. G04—9 各色过氯乙烯磁漆

(1) 特性　干燥快，涂膜光亮，色泽鲜艳，能打磨抛光。耐候性、抗老化性优于硝基涂料，但耐汽油性差。

(2) 使用范围　适用于大客车身、电车、机床、医疗设备，

用于湿热带地区。

10. G04—10 各色过氯乙烯半光磁漆

(1) 特性　涂膜光亮平整，户外耐久性好，机械强度高，耐海洋气候和湿热带气候比硝基外用磁漆强，耐水、耐汽油性比过氯乙烯外用磁漆好，但干燥时间较长。

(2) 使用范围　适用于工程车和军用车辆。

11. G04—13 过氯乙烯静电磁漆

(1) 特性　干燥快，涂膜硬度好、光亮、有良好的耐水性、耐油性。可用静电或手工喷涂。

(2) 使用范围　适用于大型货车、工程车、农业机械。

12. G01—7 过氯乙烯清漆

(1) 特性　涂膜干燥快，光亮，丰满。

(2) 使用范围　适用于过氯乙烯磁漆表面罩光，或与最后一道磁漆混合使用。

13. C04—2 各色醇酸磁漆

(1) 特性　有较好的光亮度和机械强度，附着力良好，耐水性好，可自然干燥。

(2) 使用范围　常用于汽车驾驶室、车箱和大客车外表涂装。

14. C04—18 各色醇酸磁漆

(1) 特性　涂膜坚硬光亮，干燥快，有良好的机械强度，不易起皱，耐水性好于 C04—2。

(2) 使用范围　适用于货车驾驶覆盖件和车箱，也可用于大客车内外涂装。

15. C04—42 各色醇酸磁漆

(1) 特性　比 C04—2 附着力、耐候性、耐久性强，实际干燥时间较长。

(2) 使用范围　常用于汽车驾驶室、车箱和大客车外表涂装。

16. C04—43 各色醇酸无光磁漆

(1) 特性　涂膜无光，耐水性较差，耐晒性差。

(2) 使用范围　适用于国防设备，适用汽车、车箱内金属等。

17. C04—44 各色醇酸半光磁漆

(1) 特性　涂膜光度和谐，附着力好，坚硬，有良好的耐久性。

(2) 使用范围　适用于军工机械、车辆内外涂装。

18. C04—48 各色醇酸磁漆

(1) 特性　涂膜坚韧光亮，颜色鲜艳，附着力好，耐汽油和润滑油性良好。

(2) 使用范围　常用于汽车、机床、船舶或木制品。

19. C04—49 各色醇酸磁漆

(1) 特性　有较好的附着力和耐润滑油性，耐潮湿性稍差。

(2) 使用范围　适用于汽车驾驶室或其他零部件。

20. C04—50 各色醇酸磁漆

(1) 特性　有较好的耐水性、耐润滑油性，附着力好。

(2) 使用范围　适用于货车驾驶室、车箱。

21. C01—1 醇酸清漆

(1) 特性　涂膜光亮，有较好的耐久性、柔韧性和硬度，附着力良好。

(2) 使用范围　适用于汽车外部罩光，同时可与各色醇酸磁漆混合使用。

22. C01—5 醇酸清漆

(1) 特性　涂膜干燥迅速光亮，不易起皱，耐水性较好，柔韧性稍差。

(2) 使用范围　适用于汽车表面罩光。

23. A01—1 氨基清烘漆

(1) 特性　涂膜坚硬光亮，附着力、耐水性、耐润滑油性、耐磨性优良。

(2) 使用范围　可与氨基烘漆、沥青烘漆、环氧烘漆配套使用。

24. A01—10 氨基清烘漆

(1) 特性　涂膜坚硬、平滑、光亮，耐候性、耐潮湿、附着力良好。

(2) 使用范围　适用于汽车、轿车和客车的外部罩光。

25. A05—9 各色氨基烘漆

(1) 特性　涂膜光亮丰满，色泽鲜艳，有良好的附着力、耐水、耐润滑油、耐磨性等性能。与磷化底漆、环氧底漆配套使用，可达到“三防”性能。

(2) 使用范围　适用于中级轿车车身。

26. A05—15 各色氨基烤漆

(1) 特性　涂膜坚硬、丰满、光亮，与一般氨基漆比较，耐候性和附着力较好。

(2) 使用范围　适用于轿车及其他车辆。

27. A05—22 各色氨基静电烘漆

(1) 特性　涂膜光泽好，有良好的附着力、耐水、耐润滑油、耐磨性等性能。

(2) 使用范围　适用于中级轿车车身。

28. B01—10 丙烯酸清烘漆

(1) 特性　涂膜烘干后硬度高、光亮、保光保色性强，耐潮湿、耐盐雾、防毒等性能。

(2) 使用范围　适用于小轿车、面包车、电冰箱等表面罩光。

29. B05—4 各色丙烯酸烘漆

(1) 特性　属于热固性漆，涂膜光亮、丰满、硬度较高，有优良的保色、保光“三防”性能。

(2) 使用范围　适用于光泽要求较高的汽车表面。

30. B04—11 各色丙烯酸磁漆

(1) 特性　常温干燥，涂膜光亮、耐候性、保光保色和“三防”性能较好。

(2) 使用范围　适用于小轿车车身。

二、德国鹦鹉牌面漆及清漆

1. 21 中浓度纯色系列磁漆

(1) 用途及特点　该系列为双组分磁漆，适合风干及低温烤干使用，可加温到80℃。该系列漆漂浮性极佳，漆面光泽明亮，不起橙纹、无变黄现象。具有耐盐、耐湿、耐空气污染、耐恶劣气候、耐废气等特点，且寿命长。

(2) 调合比例　21 系列磁漆∶929 系列固化剂∶352 系列稀释剂＝2∶1∶10%～30%。

2. 22 高浓度纯系列磁漆

(1) 用途及特点　该系列为双组分磁漆，其光泽度、流平性、饱满度高，且漂浮性也特好。对抗紫外线、高低温差及酸雨尤见其效。喷涂施工简便，无需烘烤，可适用在任何恶劣环境下进行工作。

(2) 调合比例　22 系列磁漆∶929 系列固化剂∶352 系列稀释剂＝2∶1∶10%～30%。

3. 54 贵金属混合银底漆系列

(1) 用途及特点　该系列银底漆是以二次喷涂方式使用，首先是银底漆效果涂层，然后是湿对湿清漆涂层，二次喷涂可充分发挥本系列产品的亮度，保证比一般一次型银粉漆更能持久耐用，具有极佳的遮盖能力，在喷涂时可大大节省工时和用量。

(2) 调合比例　54 系列底漆∶352—91 中速稀释剂＝3∶2（体积比）

4. 69 幻彩超级特别珍珠漆系列

(1) 用途及特点　69 系列珍珠色漆特有超级变幻方式能使油漆产生各种特有变幻色彩，使视觉效果更胜一筹。

(2) 调合比例　69 系列珍珠漆∶351—91 中速稀释剂＝3∶1（体积比）

5. MS923—85 中浓度超级清漆

(1) 用途及特点　该系列漆为双组分，具有高硬度，能厚喷、不变黄、耐气候、光亮度高等特性。配用 MS 系列固化剂时，只需喷上两道，涂层就能显示足够的亮度。

(2) 调合比例　MS923—85 清漆:927—73 固化剂:352—91 中速稀释剂/216 慢速稀释剂 = 2:1:10% ~ 30%。

6. HS923—94 高浓度抗磨清漆

(1) 用途及特点　该清漆为双组分，具有独特涂膜防撞设计，可减少汽车在高速奔驰时砂石对涂膜的损坏；对抗紫外线、高低温差及酸雨等有特效；此产品除光泽度、清澈度、硬度高外，悬浮性也极佳；不论喷涂在金属漆，还是喷涂在珍珠漆上都能达到最佳效果，不易出现变黄及缩光等不良现象。

(2) 调合比例　HS923—94 清漆:929—73 固化剂:352—91 中速稀释剂:7/216 慢速稀释剂 = 2:1:10% ~ 30%。

三、日本关西面漆及清漆

1. ACRIC1000 磁漆

(1) 用途及特点　该磁漆遮盖力强，耐光泽、耐候性均较好，可喷涂在其他面漆上。

(2) 调合比例　ACRIC1000 磁漆 : X—1 硝基稀释剂 = 1:1 ~ 1.5（体积比）。

(3) 施工方法　喷枪压力为 0.38 ~ 0.5MPa，喷涂层数为 4 ~ 5 层。若环境温度超过 30℃，湿度超过 70%，应适量加入防潮剂，可防止涂膜产生桔皮和发白现象。

2. 1000、1026 及 1056 清漆

(1) 用途及特点　1000 及 1026 清漆可加入色漆中，混合罩光；1056 是水晶清漆，适宜单独罩光，可用 X—1 硝基稀释剂稀释。

(2) 施工方法　1056 清漆适宜单独罩光；一般喷涂两层，喷涂压力为 0.36 ~ 0.46MPa。若相对湿度较大时，可加入化白水消除涂膜发白。

四、意大利“爱犬”牌面漆及清漆

1. 1100系列TC素色烤漆

本品为双组分优质高固型面漆，涂膜坚实，遮盖力强，操作简单方便，适合任何底漆；不受任何天气及气候的变化影响，无需加喷清漆覆盖；具有耐光、耐晒、耐化学腐蚀特点，光洁度高，寿命长。

2. 1180系列BO银粉烤漆

本品为高固体银粉烤漆，涂膜银粉分布均匀，操作简单；耐紫外线，在加盖“爱犬”牌清漆系列后，涂膜光洁度高，耐久性强，不会变黄；喷涂时不受天气和气候变化的影响，干燥快，涂膜平整度高，硬度高，适用于各种底漆。

3. 1180系列PE幻彩珍珠烤漆

本品是一种高固体分的面漆，并含有珍珠效果的半透明多层色线；加盖“爱犬”牌清漆系列后，其性能和特点除兼备BO银粉系列之优点外，可在不同角度呈现不同色泽的幻彩效果，为各种名贵轿车维修首用漆。

4. 1360、0500光亮清漆

本品为双组分清漆，具有光泽度高、不会变黄的特点，适用于大小面积修补。

5. 1360、0400高亮清漆

本品为双组分中固型清漆，具有极好的外观和良好耐腐蚀性能，同时施工方便，流展性佳，涂膜硬度高，适用于大小面积修补。

6. 1360、0200特种高亮清漆

本品为双组分高固型清漆，有极好的流平性、光泽度特高及硬度好，同时可快速抛光和干燥，适用于大小面积修补，为名贵轿车及高品质喷涂首选。

五、美国PPG牌面漆及清漆

1. DG双组分高级低温烤漆

（1）调合比例　DG烤漆:D802标准硬化剂:香蕉水稀释剂=

2∶1∶1（体积比）；DG 烤漆∶超级硬化剂∶香蕉水稀释剂＝3∶1∶1（体积比）。

（2）特点及用途　DG 烤漆具有涂膜厚、光泽度高及抗腐等性能好，适合各种汽车的修补。

2. BC 二层涂装银粉漆、素色漆及珍珠漆

（1）调合比例　BC 漆∶香蕉水＝1∶1（体积比）。

（2）特点及用途　BC 系列磁漆颜色齐全，色彩鲜艳；喷完三道 BC 磁漆后，再喷 PPG 牌清漆，具有高光泽度的镜面效果，以及良好的耐候性。施工时，喷枪喷涂压力 0.35～0.4MPa，喷嘴直径为 1.4～1.6mm；先薄喷一道，隔 10min 再湿喷一道，最后轻喷一道即可，15min 后便可喷清漆。BC 色漆不必烘烤干燥，干燥后必须在 15min～24h 之内接着喷涂 PPG 牌清漆。

3. D800 双组分镜面清漆、D880 双组分高厚膜超级清漆

（1）调合比例　D800 清漆∶D802 硬化剂∶香蕉水稀释剂＝2∶1∶1（体积比）；D880∶超级硬化剂∶香蕉水稀释剂＝2∶1∶1（体积比）。

（2）特点及用途　D800、D880 清漆与 BC 系列磁漆配合使用；喷完 BC 磁漆之后，再喷上二道 D800 或 D880 清漆，可以使车身表面达到优质的镜面效果。施工时，喷枪喷涂压力约为 0.4MPa，喷嘴直径为 1.4～1.8mm。喷涂操作中，应轻喷第一层，直接湿喷第二层，两层间隔时间约为 10min。在喷涂完毕后，静置约 15min，待部分溶剂挥发后，接着进行加温烘烤，干燥时间：20℃时，自干需 6h；60℃烘烤需 45min；70℃烘烤需 30min。

六、英国 ICI 牌面漆及清漆

1. P030 系列、P031 系列单组分硝基系列

（1）特点、用途及调合比例　P030 系列、P031 系列磁漆与 P081 系列多用途二道底漆配套，可使漆膜光亮鲜艳，并可喷涂在其他硝基面漆上。P030 纯色磁漆：P851—80 硝基稀释剂＝1∶1（体积比）。

（2）施工方法　施工时，喷涂压力为 0.35～0.48MPa，喷涂

2~3层，每层间隔时间为5~10min。P030、P031系列磁漆干燥时间：表干为5~10min，实干4h。当气温在30℃以上或相对湿度超过85%的环境下施工时，可能会出现涂膜粗糙或发白现象，应在漆料中增加适量P851—727化白水（防潮剂），这样能改善涂膜的流平性和防止涂膜发白。

2. P032系列单组分硝基磁漆

（1）特点、用途及调合比例　P032系列硝基磁漆，包括银底色漆、纯底色漆、珍珠色漆等几种。P032磁漆:P851—804硝基稀释剂=1:2（体积比）。

（2）施工方法　喷枪压力为0.28~0.31MPa，喷涂一层、双层或三层，每层间隔时间为5~15min。对于银底色漆，在20~30min后呈现均匀干燥表面，再施喷单组分快干清漆或双组分镜面清漆。

3. P190—390单组分快干清漆

（1）特点、用途及调合比例　P190—390快干清漆，只能作为罩光清漆，不能与其他漆混合使用，也不能与其他清漆混合罩光，以免产生龟裂或咬边现象。

（2）施工方法　施工时，可不必调薄，若温度太高或相对湿度太大，可加入体积分数为5%~10%的P851—727防湿剂（化白水），喷枪压力为0.24~0.28MPa，喷涂层数为一层或两层，每层间隔时间为5~10min，表面干燥约10~15min，实干需要4h。

4. P190—535双组分镜面清漆

（1）特点、用途及调合比例　P190—535清漆能为面漆及银底色漆罩光，其涂膜光亮似镜。调合比例为P190—535清漆:P210—760标准催干剂/770慢干催干剂=2:1（体积比）。

（2）施工方法　施工中，温度若超过30℃，可用P850—1276稀释剂（加入体积分数为5%~10%）稀释，喷涂压力为0.39~0.45MPa，喷涂单层或双层，每层间隔时间5~10min，干燥时间：20℃时约12h；50℃约60min；60℃时约30min；70℃时约20min。P190—535清漆不能配以P210—796高固体标准催干剂使用，否则，会造成油漆报废。

5. P190—596双组分高固体镜面清漆

(1) 特点、用途及调合比例　P190—596清漆含量高于一般清漆。施工中，不但可减少喷涂次数，还可使涂膜表面呈现饱满和亮泽，能为面漆、银底色漆、金属底色漆、珍珠底色漆罩光。调合比例为P190—596清漆:P210—796标准催干剂/798慢干催干剂=3:1（体积比）。

(2) 施工方法　施工时，喷涂压力为0.33~0.37MPa，喷涂两单层，两层间隔时间为5~10min，喷涂完后即可烘烤。干燥时间：20℃时为12h；50℃时约为60min；60℃时约30min；70℃时约为20min干燥。P190—596高固体镜面清漆不能配以P210—760标准催干剂或P210—770慢干催干剂，否则，会造成油漆报废。

课题3　车身内涂层的整平处理

一、车身旧漆的清除

旧漆的清除方法较多，常用的有机械法、碱液和乳剂清洗法、脱漆剂法和火焰清除法等。

1. 机械法清除旧漆

(1) 手工工具清除旧漆层　利用手工工具清除旧漆层是最简单、最常用的方法，特别是在没有专用设备的维修厂经常使用这种方法。

利用人工并借助简单的工具，如铲刀、锉刀、砂纸、钢丝刷等，可将车身需要修补部位的旧漆层清除干净。这种方法适应性强，但效率不高，清除质量与操作者的责任心和技术水平有关。

(2) 机动工具清除旧漆　常用的机动工具，如手提式砂轮机、钢刷打磨机、专用剥漆机和除漆机等机具，经人工操作，将车身表面的旧漆层除掉。具体的使用方法和操作规程，应按各个机动工具的使用说明书要求进行。

这种方法较手工清除旧漆法效率高。因为利用机动工具除旧漆时，易产生强烈的气味和漆尘飞扬，所以要求工作间应有良好的通风除尘设施。

(3) 喷砂或抛丸清除旧漆　利用喷砂和抛丸向旧漆层不断地冲击，靠冲击力将旧漆层清除掉，这种方法除旧漆，其表面光滑平整，但必须有相应的喷砂抛丸设备。

2. 碱液和乳剂清洗液清除旧漆

这种方法常采用强碱（如氢氧化钠）和强氧化性的酸（如浓硫酸、硝酸等)，对旧漆层进行浸泡，使旧漆层腐蚀、剥落。这些无机脱漆物质，虽然脱漆效果好，但对金属底材的腐蚀性较大，尤其是对活泼性的轻金属，如铝镁合金等的腐蚀性更为严重。另外，这种清除旧漆工艺也比较复杂，除了要求对残留的酸性或碱性物质进行清洗外，还需要有相应的配套设备，因此投资较大，应用上将受到一定的限制。

3. 脱漆剂清除旧漆

脱漆剂清除旧漆大致可分为涂刷型和浸渍型两类。

(1) 涂刷型

1) 铲刮型　将脱漆剂厚涂于待清除的旧漆层表面，待旧漆层起皱被咬起后，用铲刀、钢丝刷等工具将旧漆除净。

2) 水冲型　将脱漆剂厚涂于待清除的旧漆层表面，使旧漆层被咬起泡、起皱之后，采用急水冲洗除净。

(2) 浸渍型　浸渍型又可分为冷浸型和热浸型两类。

1) 冷浸型　在室温下，将旧漆层零件浸于脱漆剂中，待旧漆层被咬起泡、起皱之后，用水冲洗干净后干燥。

2) 热浸型　将旧漆层零件浸在脱漆剂中，加热到 60～80℃，待旧漆层被咬起泡、起皱之后，用水冲洗干净后干燥。

目前，国内常用的脱漆剂配方见表 6－1。

表 6-1　国内常用的脱漆剂配方

1 号溶液		2 号溶液		3 号溶液	
成分名称	体积分数（%）	成分名称	体积分数（%）	成分名称	体积分数（%）
石蜡	10	丙酮	20	石蜡	6
甲醇	30	酒精	35	苯	52
丙酮	25	石脑油溶剂	35	甲醇	42
苯	20	苛性钠	10		
四氯化碳	15				

目前，国内常用的碱液脱漆膏配方见表 6-2。

表 6-2　国内常用的碱液脱漆膏配方

成分名称	质量分数（%）					
	1 号膏	2 号膏	3 号膏	4 号膏	5 号膏	6 号膏
苛性钠	25	20	16	16	—	15
生石灰	—	18	14	18	12~15	1
马铃薯淀粉	30	—	—	—	—	5
白垩粉	—	25	20	—	—	—
水	45	37	50	34	80	80
碳酸钙	—	—	—	22	6~10	—
碳酸钠	—	—	—	—	3~7	—
机械润滑油	—	—	—	10	—	—

4. 火焰清除旧漆法

火焰可以采用喷灯或气焊枪产生，以气焊枪产生的火焰最佳，且调整和操作简便。但是，在使用火焰法清除旧漆层时，必须注意防火，防止温度太高和停留在零件表面时间太长，否则将烧穿基材或引起附近的装饰件变形，甚至造成火灾等发生。

在用火焰清除旧漆层时，最好在结束后趁热（30~80℃）涂装底漆，可获得良好的效果。

5. 除旧漆层时的注意事项

1）根据实际情况，以保证除旧漆质量和经济效益为原则，选择适当的清除旧漆的方法。

2）除旧漆的工作间应通风良好，并有除尘装置及防火设施。

3）在使用脱漆剂时，应尽量避免脱漆剂与皮肤、眼睛接触。偶然接触后，应及时清洗干净；若情况较严重时，应送医院治疗处理。

4）避免脱漆剂与热源接触。因为遇到热源后脱漆剂就可能汽化产生有毒的蒸气，必须做好劳动保护。

5）脱漆剂和溶剂等应注意密封保存。

二、车身除锈

汽车在使用过程中，不断受到大气等多种方式的腐蚀而被锈蚀，锈蚀可表现为表面锈蚀、锈坑及大面积锈蚀等形式。发现锈蚀后，应及时采取相应措施，进行除锈处理。除锈的方法，主要有手工除锈、机械除锈、喷射法除锈、化学除锈和电化学除锈等。

1. 手工除锈

手工除锈是一种最简单、最灵活的一种方法。主要是利用刮刀、钢丝刷、锉、錾子等手工工具（见图 6－1），进行磨、刷、刮、铲、敲击等操作方式，将铁锈除去。

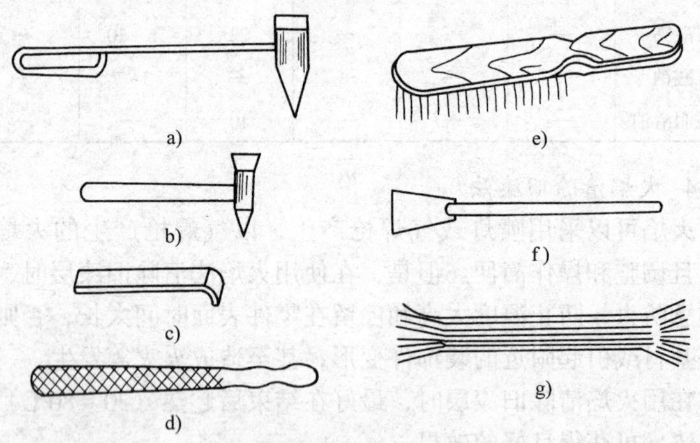

图 6－1 手工除锈工具

a）扁尖锤 b）尖头锤 c）弯刮刀 d）粗扁锉 e）钢丝刷 f）铲刀 g）钢丝束

2. 机械除锈

机械除锈是利用机械设备产生的冲击和摩擦作用力，把零件表面的铁锈除去的一种方法。此法具有效率高，质量好，可减轻劳动强度。常用的除锈机械，有风动刷、风动枪、风动砂轮、电动刷、电动砂轮、电动除锈器和电动锤等。

采用机械除锈时，应注意不得在零件表面产生过度磨损和对零件过度抛光，否则会影响涂装质量。

3. 喷射法除锈

喷射法除锈包括喷砂、喷丸、湿喷砂、干喷砂，以及高压水喷射等方式。其中，湿喷砂效果较好，在汽车维修行业中广为应用。

4. 化学除锈法

利用酸溶液与金属氧化物发生化学反应，使锈溶解到酸溶液中，从而达到除锈的目的。所以这种方法又叫酸洗法。

酸洗法常用的无机酸有硫酸、盐酸、硝酸、磷酸和氢氟酸等。常用的有机酸有醋酸、柠檬酸等；酸洗主要有浸渍、喷射和酸洗膏等方式。酸洗法的工艺过程为：

1）酸洗除锈。

2）冷水冲洗。

3）热水冲洗。

4）中和处理。

5）冷水冲洗。

6）干燥。

在酸洗过程中，会使金属产生“氢脆”现象，影响金属强度。同时，在酸洗过程中会产生酸雾，对人体和设备均产生危害。为此，在酸洗过程中，应加入适量的缓蚀剂，可减轻“氢脆”现象的影响，而对除锈并无显著影响。

酸洗只适用于黑色金属的除锈处理。

5. 电化学除锈

电化学除锈是在浸渍法酸洗中结合电化学作用进行除锈的方法。该方法分为阳极浸蚀法和阴极浸蚀法两种。其中，将零件作为阳极，用铅、铜、钢等作为阴极，称为阳极浸蚀法；将零件作为阴极，用铅、铝或锑合金作阳极的，称为阴极浸蚀法。电源可用交流电，也可用直流电，以直流电为佳。此法可加快除锈速度，节约用酸量。

课题4 底漆的施工

合适的底漆是面漆耐久、美观的前提。如果底漆不好，面漆的外观就会受影响，甚至出现裂纹或剥落。

一、底漆的施工

只用底漆不足以填平磨痕及其他表面伤痕，而用底漆二道浆可以一步完成打底和填充工作，涂封闭底漆是为了阻止面漆中的溶剂被疏松的底漆二道浆吸收。这三种底涂层可以同时用，也可以单独用，或者以不同的组合方式使用，具体用法依被涂物表面的状况和工件大小而定。封闭剂的作用是提高新旧面漆之间的附着力。如果旧面漆是喷漆，而新面漆是磁漆，那么要想得到较好的附着性，就必须使用封闭剂。

在涂底漆之前一定要先用金属表面处理剂处理裸金属表面。按照生产厂家的提示，稀释底漆，根据气候状况认真选择合适的溶剂，并且应将涂料彻底搅拌均匀。

涂完第一道底漆后，要按照标签指示留出闪干时间，然后再涂2~3道中湿涂层，增加涂层厚度，每道之间都应留出闪干时间。如果是花斑整修，后面涂层应比第一道的范围大几厘米。

待底涂层干透以后，用磨块打磨至平滑，最好用320号砂纸。如果仍有很细小的磨痕，再涂一道底漆就可能填平。

二、打腻子

只用底漆不足以填平因钣金工的敲打、拉拔、撬顶、修平处理车身后仍然存在的凹凸不平之处时，可用打腻子的办法来处理车身，使车身平整光滑，满足涂装漆层的技术要求。

1. 刮刀的使用技法

刮刀是打腻子最基本的必用工具。正确使用刮刀既能保证刮涂腻子的质量，又省力，可减轻疲劳。

(1) 刮刀的基本握法　持刮刀有直握法、横握法和其他握法三类。

1) 直握法　直握时食指压紧刮刀的刀板，拇指和另外三指握紧刮刀柄。这种握法适用于小型钢片刮刀刮涂小面积使用，如图 6–2 所示。

2) 横握法　横握时拇指和食指夹持着刮刀靠近刀柄的部位或中部，另外三指压在刀板上，如图 6–3 所示。

图 6–2　刮刀直握法

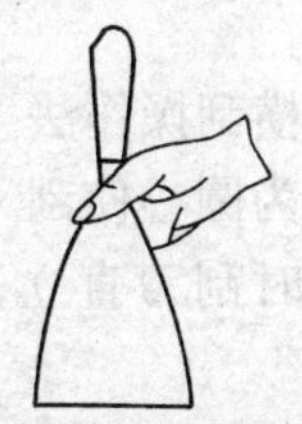

图 6–3　刮刀横握法

3) 其他握法　根据刮刀的大小形状，还可采用其他适当的握法，以方便施工、保证质量为宜，如图 6–4 所示。

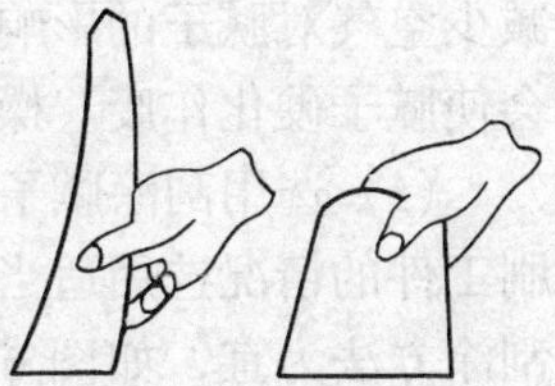

图 6–4　其他握法

(2) 刮刀的选择方法　在刮涂时，应根据刮涂工件情况选择适合的刮刀，根据刮刀的形状尺寸选择适当的握持方式。其原则是以刮涂有力、操作者省力、刮平、填实腻子为准。

2. 腻子的刮涂技法

腻子的刮涂很重要，在操作技法上必须得当，不然，就不易把腻子刮实、刮平。现将操作技法简要介绍如下。

(1) 取腻子的方法　左手持腻子托板，右手握刮刀。用刮刀从腻子托盘或腻子桶中取出适量的腻子放在托板上，并将腻子在托板上调匀。用刮刀在托板上刮下少量腻子，使腻子附在刮刀的刃口处，刃口中间部位腻子要多，两边角处应较少。

(2) 直刮操作法　刮刀带上腻子后，开始在刮涂的地方轻刮一下，抹上一些腻子，然后再将刮刀从开始刮涂处放下，直刮一条，开始时刮刀较直立，随刮刀的直线运动而逐步倾斜。其目的是让刮刀给腻子一定的挤压力，把腻子紧压附在车身表面上。当要刮到末端时，将刮刀猛一竖直，往怀里一带就把剩余的腻子从工件上带下来附在刮刀上，与托板上的腻子调匀，再重复上述动作。当托板上的腻子变稠时，将其放到腻子桶内调匀再用。刮涂时，一般第一下刮刀斜度较大，以便压实，第二下较直，以便刮平。

（3）横刮操作法　横刮时，使刮刀刃口竖直放在工件上，以刮刀下角为圆心使刮刀顺时针转 90°将腻子摊开，再向下刮成一条。开始时刮刀直立，向下刮逐渐倾斜，最后刮刀与工件约成 50°~60°。

（4）调制腻子的手法　把腻子取出放在托盘内，较少时可在腻子托板上用刮刀来回翻转挤压，将腻子调匀。调制动作要快，减少空气对腻子的影响；调制量一次不能太多，不然，因时间长会使腻子硬化作废。操作手法如图 6－5 所示。

（5）选用刮涂腻子的方法　在刮涂腻子时，首先要根据被涂刷工件的情况选用适当方法。若是局部填补凹坑，选用放射式的刮涂方法为宜，如图 6－6 所示。此法是将腻子放在凹坑中部，用刮刀把腻子从中部向四周刮涂上去，手法要领如前所述。若被涂工件的涂刷面较大，可选用直刮法刮涂，如图 6－7 所示。

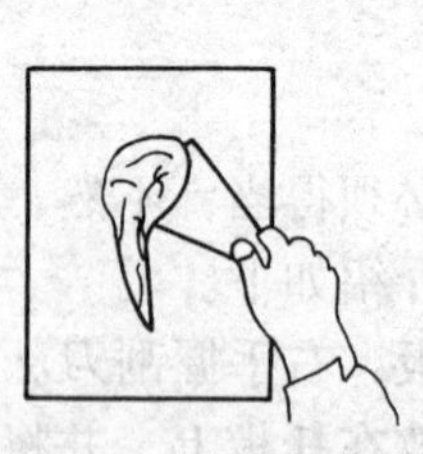

图 6－5　刮刀调制腻子

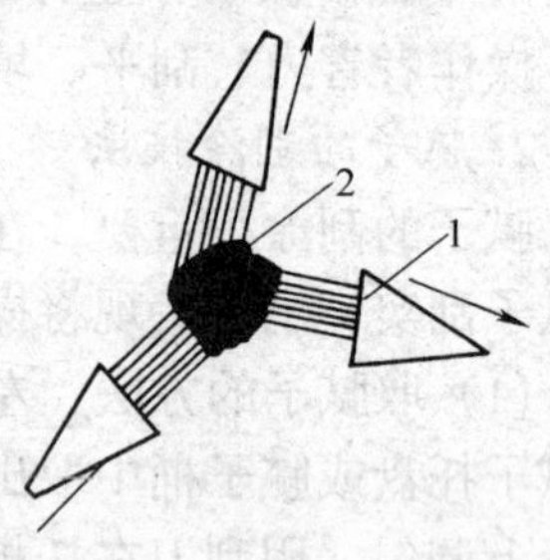

图 6－6　放射式涂刮法

1—刮刀　2—腻子

刮涂腻子的方式有满刮和软硬交替刮之分，其中满刮又分为填刮和靠刮两种；软硬交替刮则有“先上后刮”和“带上带刮”之分。

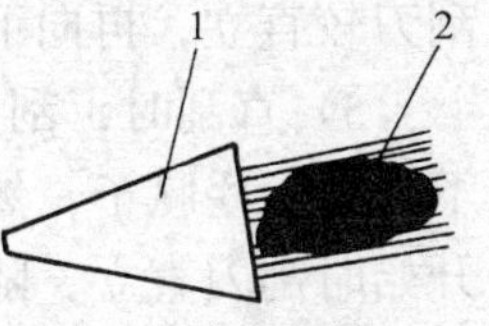

图 6－7　直刮法
1—刮刀　2—腻子

填刮的目的是用较稠的腻子分若干次将表面的凹坑填平。填刮时主要用硬刮具靠刃口上部有弹性的部位，与手劲配合进行操作。靠刮所用的腻子稠度稍低，用于最后一二次的刮涂。刮涂时靠硬刮具以刮口上部起主要作用，将腻子刮涂，使腻子刮得薄、刮得亮。

软硬交替刮中的“先上后刮”，即先将腻子逐一填满，然后再用硬刮具将其收刮平整。

它适合于对较大面积的刮涂。“带上带刮”，即在腻子边上收刮平整，适用于对小面积或形状较复杂部位的刮涂。在刮涂垂直表面时，宜采用“软上硬收”，即先用软刮在垂直平面上刮挂腻子，然后用硬刮具将腻子收刮平整，这样可使腻子不容易发生掉落现象。

在刮涂有平面又有曲面的构件时，宜采用“硬上硬收”法，即上腻子和收腻子都用硬刮具，以利于刮涂平面平整。在刮涂单纯曲面构件时，宜采用“软上软收”法，即上腻子和收腻子都用软刮具，以利于按构件表面的形状刮出平整表面来。

3. 刮涂腻子的步骤

刮腻子部位，必须是涂完底漆并干燥后的工件，或者是底漆未破坏的车身。

1）刮涂时，左手持腻子板，右手握刮刀。

2）用刮刀从腻子桶中取出一定量腻子放在腻子板上，用腻子板刮净刮刀并将腻子调匀。

3）用刮刀从腻子板上刮下少许腻子，使腻子附在刮刀刃口处，刃口中间腻子多，而两角要少。

4）横刮时，使刮刀刃口竖直放在工件上，以刮刀下角为圆心，使刮刀顺时针转 90°将腻子摊开，再向下刮成一条。开始时刮刀较直立，再向下刮时逐渐倾斜最后刮刀与工件成50°~60°。

5）直刮时，刮刀带上腻子后，先在开始刮涂的地方轻刮一下抹上一些腻子，然后，再将刮刀从开始刮涂处放下直刮一条，开始时刮刀直立，随刮刀运动逐渐倾斜。当刮到末端时，将刮刀猛一竖直，往怀里一带就能把剩余腻子从工件上带下来附在刮刀上，与腻子板上的腻子调匀，再重复上述动作。

6）当腻子板上的腻子变稠时，将其放入腻子桶内调匀再用。

7）刮涂时，一般第一下刮刀较斜以便压实，第二下较直以便刮平。

8）刮腻子时先填坑再普遍刮，先上后下，其要领是实、平、光。

“实”就是要填满孔隙，并压实；

“平”就是使表面变得平整，方便打磨；

“光”就是要达到光滑。

为此，可能要刮几遍腻子：

第一遍腻子要稠些，把明显的坑凹及有缺陷处刮一遍；

第二遍腻子稍稀些，如在工件上全部刮涂时，要求涂层平整和顺；

第三遍腻子再稀些；

最后一遍腻子较稀并加入少许漆，刮完后达到正视平平整整，侧视光光亮亮，手摸光滑无任何触手感。

9）在打磨的斜坡处，腻子刮得要和顺。

10）刮腻子时，每一刀的往返次数不宜过多，尽量一下刮成或允许有一个往返，否则不但浪费时间，而且越刮越涩，对硝基等快干腻子则越刮越起刺，对油性腻子越刮越出油，使表面易干而内部不干。

11）每遍腻子的厚度应不大于0.5mm，局部需增加厚度时，可采用特制腻子单独刮涂。每种腻子的极限厚度如图6-8所示。

12）腻子一定要涂在底漆上，因为腻子的结合强度较低且不防锈。

13）刮腻子以填平为主，以高点为基准刮平，腻子层应尽量薄，做到以少量腻子刮最大限度的缺陷。

14）每遍腻子都应彻底干燥后才可进行下一遍涂装，否则会造成涂膜鼓泡、龟裂、起层等弊病。面漆为烘烤工艺时腻子也应烘干。

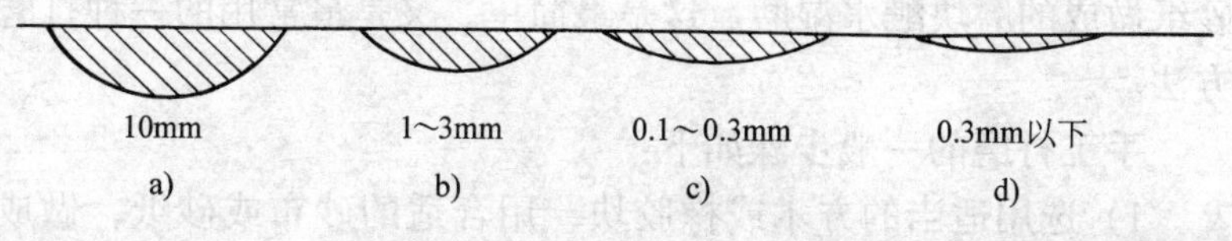

图6-8 多种腻子的极限厚度

a）钣金腻子 b）多用途腻子 c）硝基腻子 d）修饰腻子

4. 刮涂腻子时的注意事项

刮涂腻子前，必须选好与底漆相配套的腻子，且必须按维修工艺进行操作。

刮腻子时，尽量每刀一次完成，不要往返，否则，不但浪费时间，而且还越刮越涩。例如：硝基等快干腻子则越刮越起刺，油性腻子越刮越出油，导致腻子表面易干而内部难干。

每道腻子的厚度应不大于0.5mm，局部需要加厚时，可采用特制腻子单独使用。

每道腻子之间，必须经干燥打磨，否则将影响打腻子的质量，也影响车身涂装质量。

在打磨时，若发现底漆磨掉了，应及时补上底漆，然后再重打腻子。

5. 腻子的打磨

腻子的打磨是非常必要的，其目的是保证车身的涂装表面光滑平整。

当腻子刮涂完毕后，只有经过必要的打磨，才能使车身表面光滑平整。

打磨腻子的方法主要有手工打磨和机械打磨两种。腻子的打磨是一项繁重的工作。对大面积的打磨，一般采用机械方式，效率高。但对小面积腻子的粗磨，包括大面积腻子的细磨，以及一些有特殊精细要求的形线、曲面、转角、圆弧、弯曲部位等都需要手工打磨。

(1) 手工打磨 手工打磨是用方木或橡胶块的外表包上用2号或3号铁砂布做成的磨块进行手工干磨，或者包上用100号水砂纸做成的磨块醮水湿磨。这是最简单、又是最常用的一种打磨方法。

手工打磨的一般步骤如下：

1）选用适当的方木或橡胶块，用合适的砂布或砂纸，做成需要的磨块当打磨的工具，如图6-9所示。

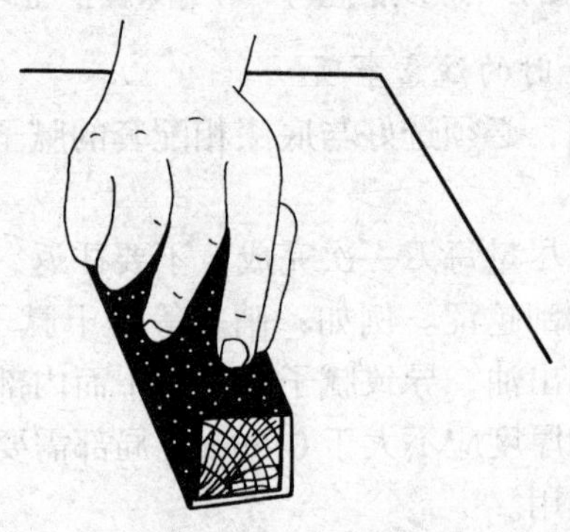

图6-9 手工打磨

2）把磨块平放在打磨面上，手握磨块沿水平方向施加中等程度的压力，用力平稳均匀，对腻子面进行打磨。不得急于求成，否则，因用力过猛，腻子被磨穿，甚至磨穿底漆，或磨出凹坑或划痕，造成前功尽弃，还得重新涂装底漆打腻子。这是应该特别防止的事。

3）打磨时，用磨块做前后往复的摩擦运动来进行打磨。打磨行程较长的平面时，不要使磨块做圆周运动，那样会在漆面上留下明显可见的划痕。要想达到最佳的打磨效果，应始终沿车身外形线方向打磨，如图6-10所示。

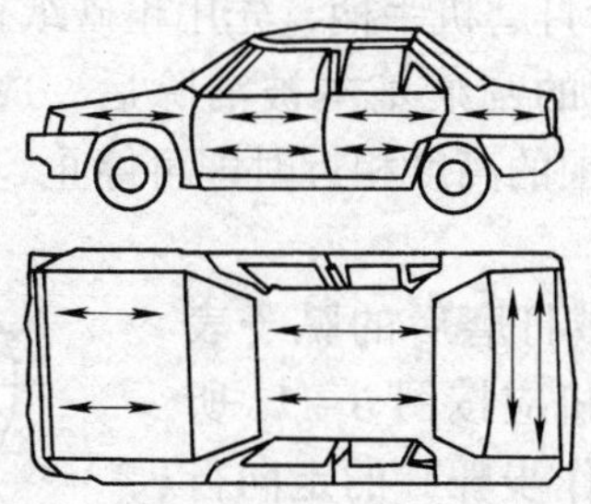

图 6-10　打磨车身腻子磨块运行方向

4）打磨过程中应充分注意最高点，并以最高点为基准，多次用手摸平整度情况，及时加以修整。

5）对波浪形平面，可选用长一些的木块作衬块，同时打磨动作幅度适当长些。

6）对于局部补挂的腻子，打磨时要注意腻子层边缘的平整度，即腻子口要磨平，以防产生腻子层痕迹，并为第二道腻子的刮、磨带来方便。

7）打磨形线或圆弧时，应使用与其形状相似的打磨块。

8）干磨时砂纸会被填料粉末腻住，此时应经常抖动，或通过拍打砂纸可以去掉一些粉末，也可使用涂有滑石粉的砂纸，这样可减少粉末的堵塞。

（2）机械打磨　常用的机械打打磨设备有圆盘式打磨机、双作用打磨机、轨道打磨机及往复式打磨机。最常用的砂纸磨盘有 5in、6in、8in（即 12.7cm、15.2cm、20.3cm）三种，用 80 ~ 180 号砂纸干磨或用 320 号砂纸湿磨。把没有粘性的砂纸粘贴在打磨机衬盘上时，应先挤几滴粘合剂在衬盘上。如果用的是自粘贴砂纸片，只要将二者中心对正压紧即可，但在压紧前一定要把中心对准。打磨操作完成后立即把砂纸从衬盘上取下来，否则粘合剂凝固后，砂纸与衬盘就会粘接很牢固，一旦粘牢，就要用抹布醮溶剂将粘合剂溶解，才能取下砂纸。

机械打磨的操作方法是：

1）用双手把持打磨机手柄，先用粗砂纸打磨。

2）当腻子表面的刮痕基本被消除后，应及时更换细砂纸，磨至腻子表面与周围的高度相近时即可停止，并留出手工细磨的余量。

3）为了使机械打磨后的腻子表面均匀平整，打磨机应按图 6－11 所示（图中数字为操作步骤）的走向行进。

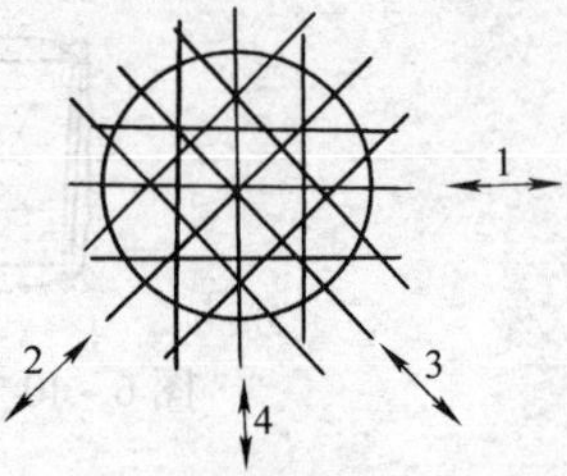

图 6－11 打磨机的走向

4）进行机械打磨时，如果出现结球现象，应及时更换砂纸，否则这些结球会堆积在一起而刮伤腻子表面，从而降低磨具的打磨质量。

课题 5 面漆的施工

汽车修补作业时的面漆喷涂方法，大多数情况下都采用压缩空气雾化喷涂。如果欲修补的车辆采用的是金属闪光漆，还必须了解清楚该车在汽车总装厂喷涂面漆时，最后一道底色漆施工时是否采用了静电喷涂。如果是采用了静电喷涂方法，那么在修补作业时也应该采用静电喷涂的施工方式。否则，尽管所采用的涂料的颜色与车身表面的颜色相当一致，也极有可能因修补施工的涂层中铝粉排列的方向与原装涂层不一样而造成色差。目前，世界上大多数汽车总装厂在喷涂最后一道金属闪光底色漆时，已不再采用静电喷涂方法。

一、影响喷漆质量的因素

1. 粘度

涂料的粘度指其阻碍流动的能力，粘度不合适会造成漆面缺陷。涂料必须彻底搅拌均匀并稀释到恰当的浓度。在制备涂料时，要按漆罐上的说明，用稀释剂把涂料稀释到适当的粘度。

稀释剂的用量应与温度无关。温度较高时，稀释后的涂料实际粘度可能稍低一些，但涂料从喷枪中被喷出到被漆表面的过程中稀释剂较快挥发，结果涂料到达被漆表面时的粘度正好合适；相反，温度较低时，稀释后的涂料粘度较高，但挥发速度较慢，到达被漆表面时粘度正合适。

2. 温度

重涂面漆时要考虑的温度有室内气温、汽车表面温度和涂料本身的温度。

在下吸式气流喷漆室中，温度的影响很大，气流冲过时涂料的温度骤然提高 6 ~ 7℃。如果油漆干得太快，溶剂就会被截留在基本涂层中（蒸发不掉），这在涂透明涂层时就有可能出问题。

喷涂时车辆刚从寒冷的室外进入喷漆室也要小心，如果汽车表面太凉，溶剂挥发速度将低于正常值，这可能会引起配色和固化方面的问题。在喷涂作业前足够长的一段时间就应该把被喷涂的汽车放进作业间里，使其温度与作业间的温度近似相等。一般在汽车上放一个表面温度计，用以确定表面温度是否符合喷涂作业要求。

二、喷枪的使用

1. 气压的调整

通常用干燥器—调压阀（或转换器）设定。但由于有摩擦，空气从干燥器—调压阀流到喷枪时压力有损失，干燥器—调压阀上的读数与喷枪上的读数的差别取决于输气管的长度和直径。测量这一压降的最可靠的方法就是在软管接头和喷枪之间接一个调压阀，用来检查和设定喷枪压力。

2. 用雾形控制钮设定雾形的大小

把控制钮全拧进去可得到最小的圆形喷束，把旋钮全拧出来得到的雾形最大，如图 6 – 12 所示。

3. 涂料流量的调整

用控漆钮按选定雾形调整漆流量。控漆钮拧出时涂料流量增大，控漆钮拧进时涂料流量减小，如图 6 – 13 所示。

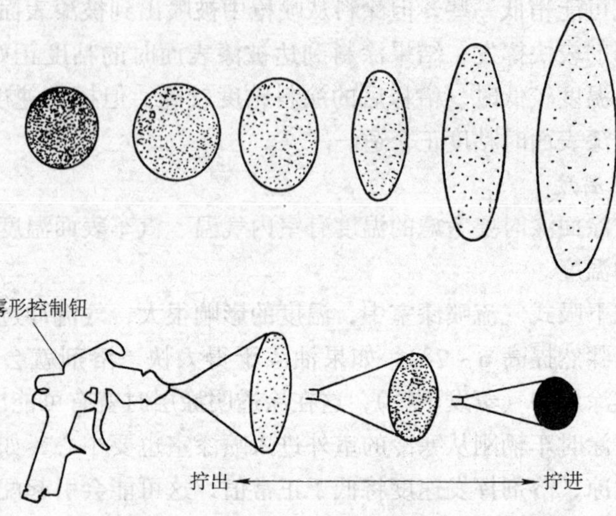

图 6－12　用雾形控制钮设定雾形的大小

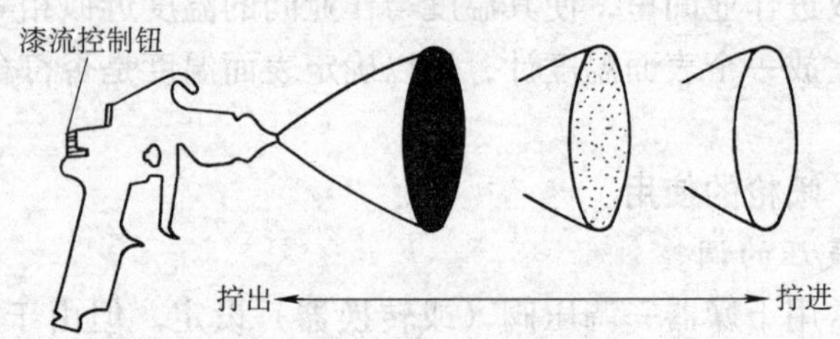

图 6－13　涂料流量的调整

三、雾形的测试方法

放松气帽卡环，拧动气帽，使气帽角处在垂直上下的位置，这时气帽产生的雾形是水平方向的，而不是竖直方向的。再次喷涂，这次一直扳住扳机，直到涂料开始往下流。检查各段流挂的长度。

1）如果各项调整正确，各段流挂的长度应近似相等，如图 6－14 所示。

2）如果流挂呈分开的形状（见图 6－15），这是由于喷束太宽或气压太低。此时，应把雾形控制钮拧紧半圈，或把气压提高

34.5kPa，交替进行这两项调整，直到流挂长度均匀。

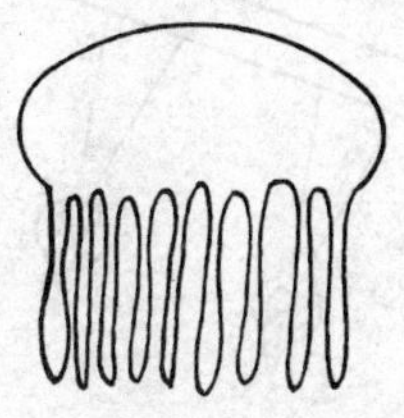

图 6－14　流挂均匀

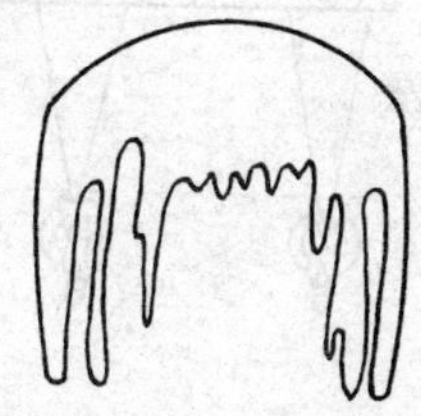

图 6－15　流挂呈分开的形状

3）如果流挂中间长两边短（见图 6－16），则是因喷出的漆太多所致，应把控漆钮拧紧，直到流挂长度均匀。

四、喷涂操作过程

1. 持枪

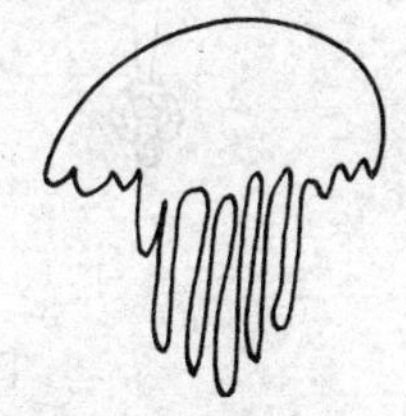

图 6－16　流挂中间长两边短

以右手持喷枪时，用拇指、中指和无名指握住枪柄，将食指勾在扳机上，两肩放松，自然下沉。左手拿着喷枪附近的一段输气胶管，以减轻右手拉胶管的力量；有的是靠手掌、拇指、小指和无名指握住喷枪，中指和食指用以扣动扳机。

握枪方式的选择全凭喷漆工的自我感受，在这方面没有一成不变的程式，可以根据各人的习惯来决定。

2. 喷枪对被喷涂表面的方位

喷枪要持平，要垂直于被喷涂表面。即使在喷涂曲面时也要保持喷枪垂直于被喷涂表面，如图 6－17 所示。如果喷枪有一些歪斜，其结果必然会造成喷幅带偏向一边流淌，而另一边则显得干瘦、缺漆，极有可能造成条纹状涂层显而易见，只有压送式喷枪最适合喷涂车顶、前盖及后盖之类较大平面部位的涂装。

3. 喷枪至被喷涂表面的距离

喷枪距被喷涂表面的距离要合适，对于硝基漆为 15～20cm，磁漆为 20～25cm。如果距离太近，会因速度太快而使湿漆膜起

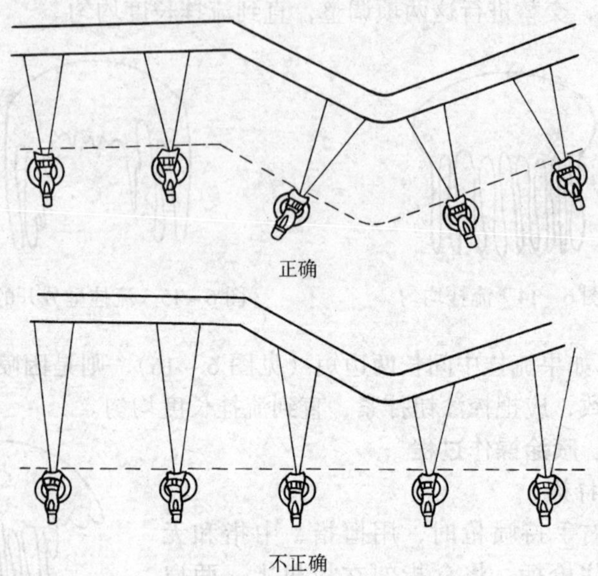

图 6－17 喷枪对被喷涂表面的方位

皱；如果距离太远，稀释剂挥发太多，会形成桔皮状或砂状表面，还会使飞漆增多。

使用慢干稀释剂时距离变化范围可大一些，如果太近则会产生流挂。

4. 喷枪的移动速度

在喷涂时，喷枪的移动速度对涂装效果的影响非常大。如果喷枪移动太快，表面显得干瘦、流平性差、粗糙；如果喷枪移动太慢，则所形成的涂层太厚，极有可能产生流挂。实际上喷枪的移动速度也不能一概而论，对于不同的雾束、不同的供漆量要求不同的移动速度。最理想的喷枪移动速度应该是一旦喷涂结束后，新喷涂层看起来显得那么丰满、润湿，既不干瘦、贫瘠，也不出现过分堆积现象。

在喷涂时，沿计划好的行进路线稳定地移动喷枪，速度约为30cm/s，速度必须保持一致。

5. 扳机的控制

喷枪是靠扳机来控制的，且扳机扣得越深，液体流速越大。在传统的走枪过程中，扳机总是扣死，而不是半扣。为了避免每次走枪将要结束时所喷出的涂料出现堆积现象，有经验的喷漆工都要略放松一点扳机，以减少供漆量。

正确的扳机操作方法如下：

1）手握喷枪向待喷涂表面移动，当喷枪接近表面的边缘时，扣动扳机。也就是在喷枪移动到距离待喷涂表面的边缘约5cm处扣动扳机。

2）当喷枪扫过所喷涂的表面后，放开扳机。也就是在喷枪扫过已喷涂表面的边缘大约5cm以外的地方放开扳机。

6. 收边

进行斑点修补或者在新喷涂层与旧涂层的边缘混色加工时，都要进行“收边”操作。“收边”的意思是在走枪开始时不扣死扳机，此时的供漆量很小，随着喷枪的移动，逐渐加大供漆量，直到走枪将要结束时再将扳机放开，使供漆量大大减少，从而获得一种特殊的过渡效果。具体操作方法是：

1）平稳移动喷枪，待接近喷涂表面时，逐渐扣动扳机进行喷涂。然后突然但平稳地放开扳机，喷枪继续移动。这是从外向内喷。

2）将喷枪置于待喷涂表面的上方，扣死扳机进行喷涂。然后平稳地向外移动喷枪，一旦喷枪接近收边区域时，慢慢放开扳机。注意操作要平稳，然后继续移动喷枪。这是从内向外喷。

五、常见的几种喷涂方法

1. 一道涂装

喷涂过程中走枪最常用的方法是，使喷枪从左到右，然后再从右到左。每扫一枪在开始和结束的时候分别扣动和放开扳机，直到扫下一枪时，再重复上述操作过程。整个过程平稳而协调，如图6－18所示。

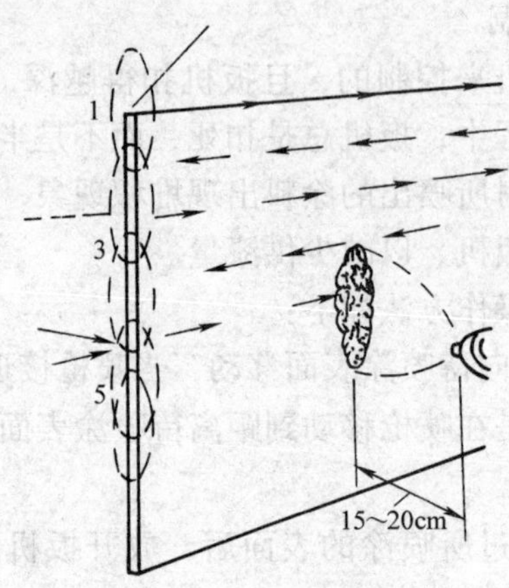

图 6-18 一道涂装喷涂过程

在喷涂操作时应注意以下事项：

1）扫第一枪时，应将雾束的中心对准待喷涂表面顶部的边缘。

2）继续走枪时，应将雾束的中心对准上一枪的底部。

3）为了保证覆盖良好，顶部和底部的边缘需扫两次。

4）为了保证完全且均一的涂装，实际上扣动和放开扳机是在距离每块板前后 2.5～5cm 的地方。

5）在此类涂装方式中，每道扇幅之间被覆盖 50%。

2. 带状涂装

带状涂层是用小雾形喷出的单涂层。此时应将扇幅调得相对窄一些，一般调整到 10cm 宽左右。此时喷出的雾束比较集中，呈带状覆盖。这样既能保证边缘部位的覆盖效果，又可保证不致超出要求的喷涂范围，达到减少过喷、节约原材料的目的，如图 6-19 所示。

3. 二道涂装

所谓二道涂装是在一道涂装后马上进行的第二道涂装。二道涂装通常应用于快干型涂料。一般二道涂装的方向与一道涂装的方向不同，如果第一道水平喷涂，第二道则采用垂直喷涂。

图 6－19　带状涂装方法

4. 长板的喷涂

对于汽车上较长板材的修补喷涂，一般可以采用垂直扫枪的方法。在喷涂长板时，为了方便可将长板以大约 45～90cm 长短划分为一段，然后像喷涂短板一样进行喷涂。段与段之间就像每道枪之间一样需要重叠覆盖 10cm 左右的区域。

喷涂长板与喷涂边角不一样，没有必要采用带状喷涂法。当喷涂下一道时，最好改变扇幅所覆盖的部位，以免造成某一段的涂层过厚。

5. 边角的喷涂

喷涂边角时，应使雾束中心对准边角，使边角的两边各覆盖 50%。此时应使喷枪离基材的距离比正常距离近 2.5～5cm。

6. 棒状工作的喷涂

喷涂汽车里面有些较长的、直径不大的棒状零部件时，最好将雾束调窄一些，这样可以达到完全覆盖又不过喷的目的，如图 6－20 所示。

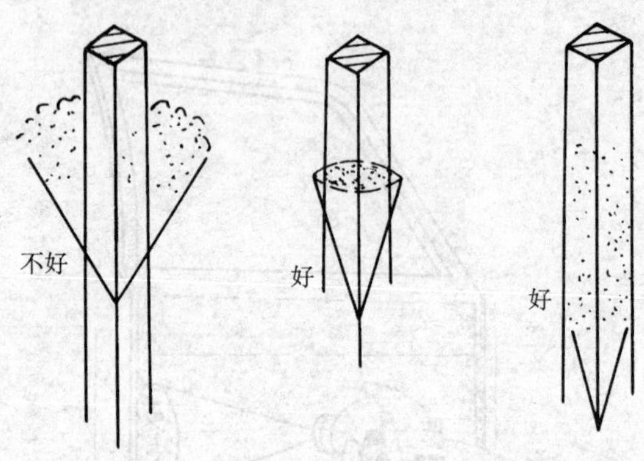

图 6-20 棒状工作的喷涂

7. 虚枪喷涂修补

在喷涂色漆之后，将大量溶剂或固体成分调整得极低的涂料，喷涂在面漆上的操作称为虚枪喷涂。一般来说，在汽车修补中有两种类型的虚枪喷涂法，即

1）在热塑料性丙烯酸面漆上喷虚枪，用来使新喷的修补漆与原来的旧漆之间混色，使汽车表面经过修补之后看不出修补的痕迹。

2）在新喷涂的丙烯酸或醇酸磁漆上喷虚枪，用来提高其光泽，有时也用来在斑点修补时混色。

8. 雾化喷涂工艺

在喷涂金属闪光漆或者碰到条纹、斑纹等病态时，可以采用所谓雾化喷涂法。在喷涂清漆或者磁漆时均可采用，但是用得最多的还是在磁漆上。首先按照说明书的要求稀释，然后按下述方法进行施工：

1）调整喷枪，使其处于全开状态。

2）保持喷枪距喷涂表面 30~45cm。

3）走枪。扣扳机至 75%，而且始终保持不变；连续围绕待喷涂区进行喷涂，直到获得均一的金属闪光色和外观；继续移动喷枪至相邻区域，使这一区域的外观与上项一致。

9. 干喷色漆工艺

干喷工艺方法可以用最小的过喷，将面漆或底漆喷涂在被修补的部位，大大加速了修补过程。其具体施工方法是：

1）打开扇幅控制阀 1/8～1/4 圈。

2）打开漆流控制钮 1/4～1/2 圈。

3）采用干喷工艺对直径为 5～7.5cm 的斑点进行干喷。扣死扳机，使喷枪连续作圆周运动进行喷涂；保持喷枪与表面的距离为 10～15cm；空气压力与传统喷涂方法相同；每 5～10s 后停止喷涂，仔细观察表面的平整度。一般用粘性抹布擦拭表面以确定其平整度；继续喷涂直到达到所希望的遮盖。

4）如果涂料太干，可增加供漆量，将漆流控制钮打开 1/8 圈。如果涂料太湿，可增加喷枪至表面的距离，离开 2.5～5cm；关闭漆流控制钮 1/8 圈，再次检查喷涂情况。必须在喷漆施工的任何时候用粘性抹布擦拭表面，以除去灰尘和粗糙的表层。

课题 6　汽车喷漆常见的缺陷及预防

在汽车喷漆过程中，由于施工的环境条件不良，或涂料本身的缺陷及施工工艺、操作不当，所用的设备和工具不良，均能产生很多质量问题，现将涂装施工中漆膜出现的这些缺陷的主要原因和预防措施简要介绍如下。

一、流挂的产生及预防

1. 现象

喷涂在垂直面上的涂料产生流挂，使漆膜厚薄不均匀，并产生流滴、流淌的波浪纹，或挂幕下垂等不同程度的缺陷状态，如图 6－21 所示。

2. 产生的原因

1）所用溶剂挥发速过慢或与涂料不配套。

2）一次涂得过厚，喷涂操作不当，重复过多。

3）涂料的黏度偏低。

4）环境温度过低或周围环境中空气的溶剂蒸气含量过高。

图 6-21 涂膜流挂缺陷

5）涂料中含有密度大的颜料（如硫酸钡）等。

6）在光滑的漆膜上喷涂新漆时，也易产生流挂现象。

3. 预防措施

1）使用蒸发快的稀释剂。

2）减小漆膜厚度。

3）采用适合的喷涂距离：小件为 150~200mm；大件为 250~300mm。

4）严格按涂料施工要求的黏度和温度进行施工。

5）加强换气，施工场所的温度控制在 15℃以上。

6）调整涂料配方或填加阻流剂；选用具有触变性的涂料。

7）在旧漆膜上涂新漆时，应预先进行打磨处理。

二、颗粒的产生及预防

1. 现象

漆膜中的凸起物呈颗粒状分布在整个或局部表面上的现象，如图 6-22 所示。

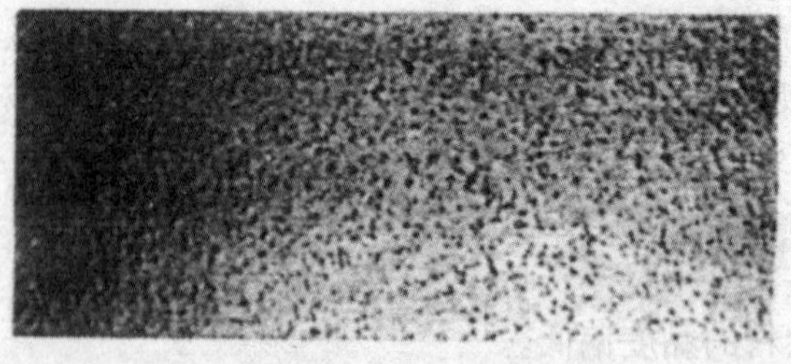

图 6-22 涂膜颗粒缺陷

2. 产生的原因

1）涂装环境的空气清洁度差；调漆室、喷漆室、晾干室或烘干室内有灰尘。

2）被涂物表面不清洁。

3）操作人员的工作服、手套及漆前处理用的材料带有灰尘或掉纤维、绒毛等。

4）易沉淀的漆料未充分搅匀或未经过滤处理。

5）涂料变质，如漆基析出或反粗；颜料分散不佳或产生凝聚；有机颜料析出；闪光漆中的铝粉分散不匀等。

3. 预防措施

1）确保施工场所空气清洁无灰尘。

2）漆前处理工作应保证质量，尽可能达到光滑、平整、干燥和清洁等要求。

3）操作人员穿着的工作服及用具材料均应整洁，无尘土和异物。

4）漆料应是优质合格产品，喷涂施工的装备系统应正确、合理、正规操作使用。

三、咬起的产生及预防

1. 现象

喷涂面漆后，底层漆被咬起脱离，产生皱纹、胀起、起泡等现象，如图 6－23 所示。

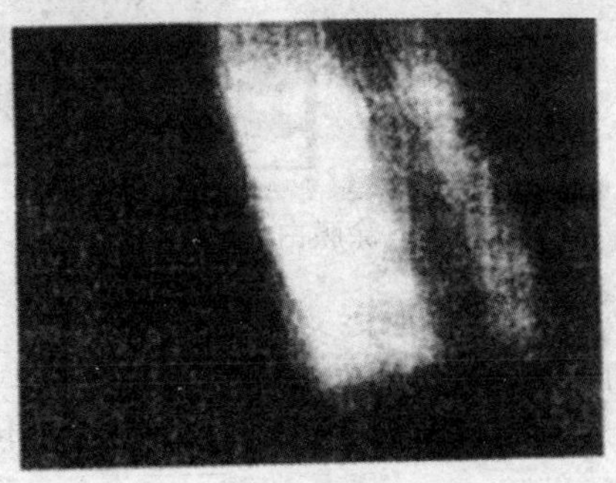

图 6－23　涂膜咬起缺陷

2. 产生的原因

1）涂层未干透就开始喷涂下一道漆。

2）涂料不配套，底漆层耐溶剂性差或面漆含有能溶胀底漆的强溶剂。

3）涂层太厚。

3. 预防措施

1）应在底漆层干透后再喷涂面漆。

2）改变涂料体系，另外选用配套涂料产品。

3）减少每道喷漆的厚度，并增加喷涂道数。

四、白化、发白的产生及预防

1. 现象

涂装过程中或刚涂装完毕的涂层表面呈现乳白色，产生变白的失光现象。多发生在涂装挥发性强的涂料场合，严重时完全失光，涂层上出现微孔及力学性能下降，如图 6－24 所示。

图 6－24 涂膜白化、发白缺陷

2. 产生的原因

1）施工场所的空气湿度太高。

2）所用的有机溶剂的沸点低，而且挥发太快。

3）被涂物的温度低于室温。

4）涂料和稀释剂含水，或压缩空气含水分。

5）溶剂和稀释剂的选用及配比不恰当，造成树脂在涂层中析出而变白。

3. 预防措施

1）涂装场地的环境温度最好控制在15～25℃，相对湿度不能高于70%。

2）选用沸点较高和挥发速度较低的有机溶剂，如添加防潮剂。

3）涂装前先将被涂物加热，使其比环境温度高10℃左右。

4）防止溶剂和压缩空气中带有水分。

5）防止树脂在成膜过程中析出。

五、露底、盖底不良的产生及预防

1. 现象

由于漏涂而使被涂面未涂上漆的现象称为露底；因涂得太薄或涂料的遮盖力太差未盖着底面的现象称为盖底不良，如图6－25所示。

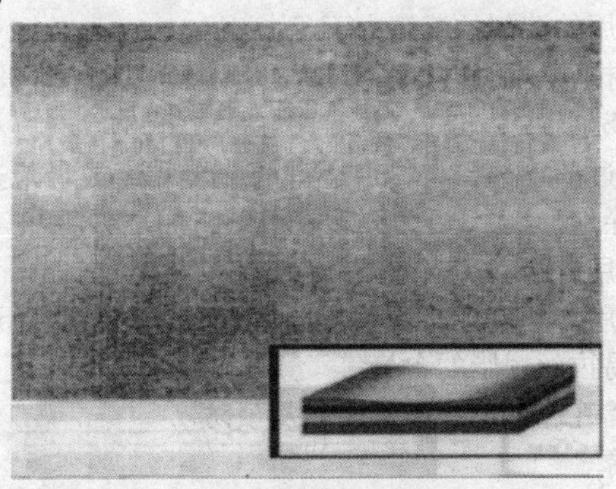

图6－25　涂膜露底盖底不良缺陷

2. 产生原因

1）施工不认真而造成漏涂。

2）涂料遮盖力太差或涂层太薄和涂料黏度偏低。

3）底漆、面漆的色差太大，如在深色漆面上涂亮度高的浅色漆。

4）涂料在使用前未搅拌均匀。

3．预防措施

1）选用遮盖力强的涂料，增加涂层厚度，或增加喷涂次数，且涂料应搅拌均匀。

2）适当提高涂料的施工黏度，或选用固体成分高的涂料，每道漆应达到规定的喷涂厚度。

3）操作者的责任心应加强，并提高技术水平。

4）尽量选用面漆层与底漆层相近的颜色。

六、拉丝的产生及预防

1．现象

在喷涂时由于涂料雾化不良，而成丝状喷出，最终使漆膜表面呈丝状。

2．产生的原因

1）涂料黏度高，或是制漆用的合成树脂的分子量偏高。

2）选用的溶剂的溶解力不足。

3）易拉丝的树脂含量超过无丝喷涂含量。

3．预防措施

1）通过试验选择涂料最适宜的施工黏度或者最适宜的施工固体成分涂料。

2）选用溶解力适当的溶剂。

3）使用分子量分布均匀或分子量较低的树脂。调整涂料配方，减少易拉丝树脂的含量。

七、缩孔、抽缩的产生原因及预防

1．现象

受被涂物表面存在的或混入涂料中异物的影响，涂料不能均匀附着，产生抽缩而露出被涂面的现象。由于产生的原因和现象有较多，露底面积大且不规则的称为抽缩或“发笑”；呈圆形的称为缩孔；在圆孔内有颗粒的称为“鱼眼”，如图 6－26 所示。

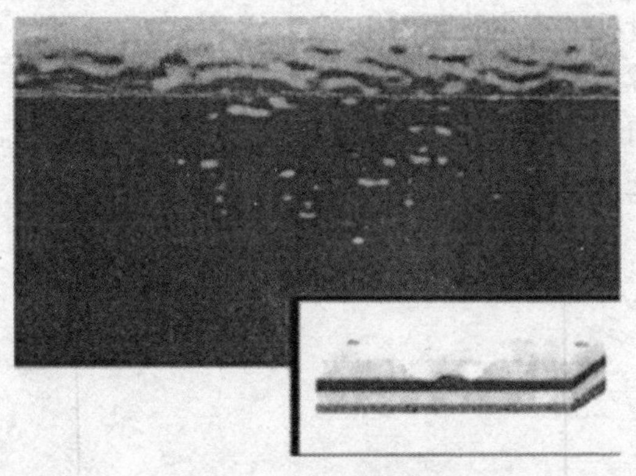

图 6-26　涂膜鱼眼缺陷

2. 产生的原因

1）所用涂料的表面张力偏高，流平性差，释放起泡性差，涂料本身对缩孔的敏感性大。

2）调漆工具及设备不清洁，使有害异物混入涂料中。

3）被涂物表面不干净，有水、油、灰尘、肥皂、硅酮、打磨灰等异物附着。

4）涂装环境空气不清洁，有灰尘、漆雾、硅酮、蜡雾等。

5）涂装中使用的工具、工作服、手套等不清洁。

3. 预防措施

1）在选用涂料时，不能选用对缩孔敏感性强的涂料。

2）在涂装车间，无论是设备、工具，还是生产过程中用的辅助材料等，绝对不能带有对漆膜有害的物质，尤其是硅酮。

3）应确保压缩空气干燥。

4）确保涂装环境清洁，空气中应无灰尘、油雾、漆雾等漂浮物。

5）严禁用裸手、脏手套和脏物接触被涂面，确保被涂面干燥、清洁。

6）在旧漆膜上喷涂时，应事先用砂纸打磨清洗，保证干燥、清洁。

八、针孔的产生及预防

1. 现象

在漆面上产生针孔状的小孔，有如皮革上的毛孔，孔的直径为 100μm 左右，如图 6 - 27 所示。

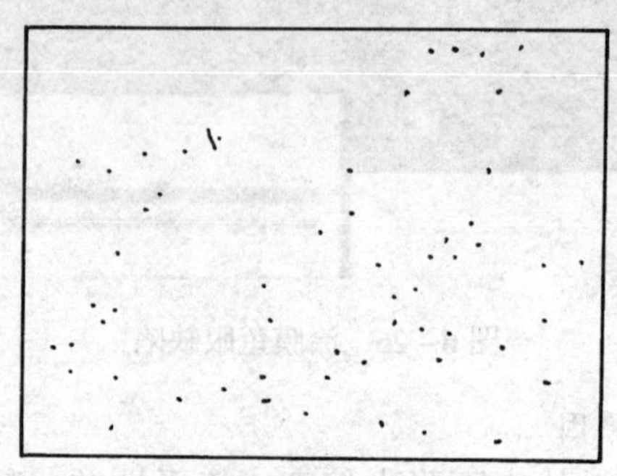

图 6 - 27 涂膜针孔缺陷

2. 产生的原因

1）涂料的流动性不良，流平性差，释放气泡的能力差。

2）涂料在储运过程中变质。

3）涂料中混入杂物，如溶剂型涂料中混入水分等。

4）涂装后晾干不充分，烘烤时升温太快，表面干燥过快。

5）被涂物的温度过高和被涂物表面有污物、小孔等缺陷。

6）环境空气湿度过高。

3. 预防措施

1）选用合适的涂料，对易产生针孔的涂料加强进厂检验，避免不合格材料流入生产线。

2）注意存漆容器与涂装工具的清洁和溶剂的质量，防止杂物混入漆中。

3）涂装后应按工艺规程晾干，添加挥发慢的溶剂，使漆膜的表干减慢。

4）注意被涂物的湿度和清洁度，消除被涂物表面的小孔。

5）改善涂装环境条件，满足涂装要求。

九、气泡的产生及预防

1. 现象

在涂装过程中漆膜表面呈泡状鼓起，或在漆膜中有气泡。烘干型涂料易产生这种弊病，如图 6－28 所示。

图 6－28 涂膜气泡缺陷

2. 产生原因

1）溶剂挥发过快，涂料的黏度偏高。

2）烘干时加热太急，晾干时间太短。

3）板材、底涂层或被涂面含有溶剂、水分或气体。

4）搅拌时混入涂料中的气体未释放尽就涂装，或在刷涂时刷子走动过急而混入空气。

5）木质底材上涂氨基醇酸树脂涂料。

3. 预防措施

1）使用指定溶剂，黏度应按涂装工艺选择，不宜偏高。

2）涂层烘干时升温不宜过快。

3）底材、底涂层或被涂面应干燥清洁，不应含有水分和溶剂。

4）添加醇类溶剂或消泡剂。

5）选择与木质底材配套的涂料。

十、起皱的产生及预防

1. 现象

在干燥过程中漆膜表面出现皱纹、凹凸不平且平行的线状或无规则线状等现象，如图 6－29 所示。

2. 产生的原因

1）桐油制的油性漆易产生起皱现象。

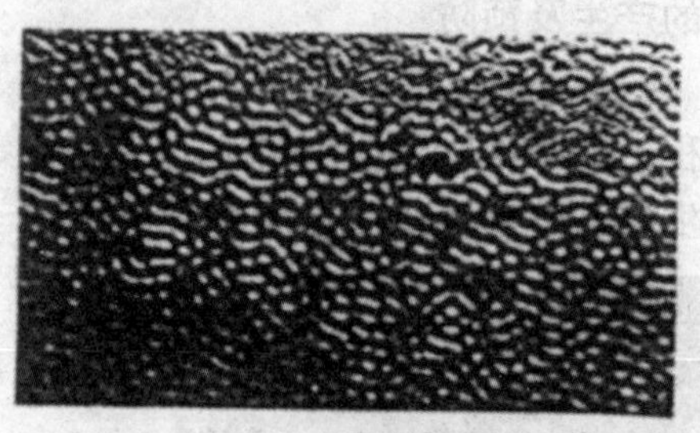

图 6－29 涂膜起皱缺陷

2）在涂料中添加了过多的钴和锰催干剂。

3）烘干升温过快，表面干燥过快。

4）漆膜过厚或在浸涂时产生“肥厚的边缘”。

5）氨基漆晾干过度，表面干燥后再烘干，易产生起皱现象。

3. 预防措施

1）控制桐油的使用量。

2）少用钴、锰催干剂，多用铅或锌催干剂，对烘干型涂料采用锌催干剂。

3）每道漆膜的厚度应控制在不起皱的厚度限值内。

4）执行晾干或烘干的工艺规范。

5）采用防起皱剂。油性的醇酸树脂漆稍涂厚，在烘干时易起皱，可添加少量（5%以下）氨基树脂作为防起皱剂，一次喷到 40μm 以上厚度也不起皱。

6）氨基面漆按规定时间晾干后，即可进行烘干。

十一、色不均匀或色发花的产生及预防

1. 现象

漆膜的颜色局部不均匀，出现斑印、条纹和色相杂乱的现象。

2. 产生原因

1）涂料中颜色分散不均，或两种以上的色漆相互混合时，混合不充分。

2）所用溶剂的溶解力不足或施工黏度不适当。

3）涂得太厚使漆膜中的颜料产生“里表对流”。

4）在涂装场所附近有能与漆膜发生作用的气体（如氨、二氧化硫等）的发生源。

3. 预防措施

1）选用分散性和互溶性良好的漆料。

2）选用适当的溶剂，采用符合工艺要求的涂装黏度及厚度。

3）调配复色漆时应使用同一类型的涂料，最好用同一厂家生产的同一类型的涂料。

十二、浮色、色分离的产生及预防

1. 现象

涂料中的各组成物的颗粒大小、形状、密度、分散性、内聚性等不同，使漆膜表面和下层颜料分布不均，各断面的色调有差异。

2. 产生原因

1）在涂装含有两种以上颜料的复色漆时，由于溶剂在涂层中的表挥发不一，易出现对流而产生浮色现象。

2）涂料中颜料密度相差悬殊。

3）涂装方法及设备选用不合适。

3. 预防措施

1）改进涂料配方，如选择不易浮色的、易分散的颜料。

2）添加防浮色剂，如硅油。它对防止浮色有显著的效果。

3）选择适合的涂装方法和设备。

十三、金属闪光色不匀的产生及预防

1. 现象

在喷涂金属闪光面漆时，因喷涂的厚度不均、流挂，所用溶剂与涂料不配套而引起铝粉分布不均匀，导致外观颜色不均匀。

2. 产生的原因

1）涂料配方不当，如：铝粉含量偏低，溶剂密度大，树脂的分子量低，涂料的指触干燥慢等。

2）喷涂黏度选择不当。

3）涂层过厚或膜厚不均匀、雾化差，喷涂操作不熟练。

4）涂面漆与罩光清漆之间晾干时间太短。

5）环境温度低。

3. 预防措施

1）改进涂料配方，使用油漆厂指定的溶剂。

2）选择合适的喷涂黏度。

3）提高喷涂操作的熟练程度，采用专用喷涂工具或自动涂装机。

4）选择合适的晾干时间，或者增加吹热风（60～80℃）的工序。

5）将喷涂时的环境温度调到适合的温度范围内。

十四、渗色、底层污染的产生及预防

1. 现象

在一种漆膜上涂上另一种颜色的漆，底层漆膜部分渗入面漆涂膜中而使面漆膜变色的现象称为渗色。由底层上附着的着色物透过面漆层产生异色斑的现象称为底层污染。

2. 产生原因

1）底层漆膜中含有有机颜料或溶剂，或溶剂能溶解的色素渗入面漆涂层中。

2）底材含有有色物质或底漆层上附有着色物。

3）面漆中含有溶解力强的溶剂，或底层漆膜未完全干透就涂面漆。

3. 预防措施

1）在含有有机颜料的涂层上不宜涂异种颜料的涂料（尤其是浅色面漆）。

2）为防止渗色，需增涂一层封底涂料。

3）面漆选用挥发快、对底层漆膜溶解力差的溶剂调配。

4）除去底层上的着色物质，然后再进行喷涂。

十五、表面失光的产生及预防

1. 现象

有光泽涂层干燥后，没有达到应有的光泽，或者涂装后不久涂层出现光泽下降，呈现雾状朦胧现象。

2. 产生原因

1）颜料的选择、分散和混合比例不适当，树脂混溶性差，溶剂选配不当。

2）被涂面对涂料的吸收量大且不均匀。

3）被涂面粗糙且不均匀。

4）过分烘干或烘干时换气不充分。

5）喷涂虚雾附着，或由补漆造成。

6）抛光涂层未干透而进行了抛光。

7）在高温、高湿或极低温环境中涂装。

3. 预防措施

1）通过实验，选择合适的涂料，选择油漆厂指定的溶剂。

2）涂相应的封底涂料，以消除底漆对面漆的吸收或不均匀吸收。

3）应细心打磨，消除被涂面的粗糙部分。

4）严格遵守规定的烘干条件及烘干工艺，换气要适当。

5）注意喷涂程度，确保漆膜厚度均匀，减少喷涂的虚雾附着。

6）抛光工序要在涂层干透、熟化后进行。

7）控制涂装环境，保证施工工艺条件。

十六、桔皮的产生及预防

1. 现象

在喷涂时不能形成平滑的干漆膜面，而成桔皮状的凹凸现象。其中，凹凸度约为 3μm，如图 6－30 所示。

2. 产生原因

1）涂料的黏度偏高、流平性差。

2）压缩空气压力低，出漆量过大和喷涂工具不佳，导致雾化不良。

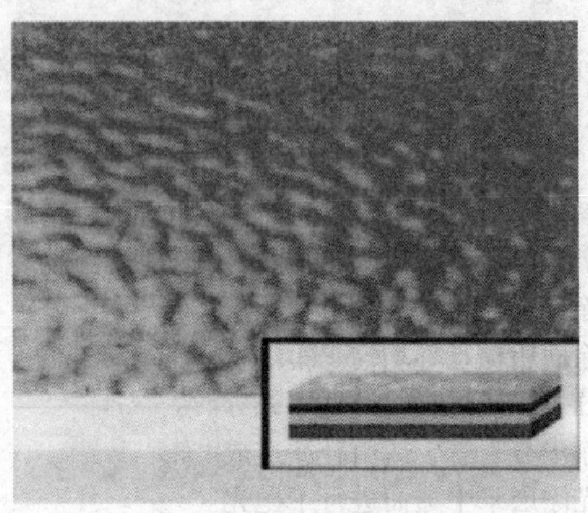

图 6-30 涂膜桔皮缺陷

3）被涂物和空气温度偏高，喷涂室内风速过大，溶剂挥发过快。

4）晾干时间短，喷涂厚度不足。

5）喷涂距离太远等。

3. 预防措施

1）选用合适的溶剂，添加流平剂或挥发慢的高沸点有机溶剂，以改善涂料的流平性。

2）选择合适的空气压力，选择出漆量和雾化性能好的喷涂工具，使涂料达到良好的雾化。

3）一次性喷涂到规定厚度，适当延长晾干时间，不宜过早进入高温炉烘烤。

4）被涂物温度应冷却到 50℃以下，喷漆室温度应维持在 20℃左右。

5）调整喷涂距离。

十七、丰满度不良的产生及预防

1. 现象

漆膜虽然涂得很厚，但从外表看仍然显得很薄、干瘪。

2. 产生原因

1）使用高聚合度的漆基制涂料，其本身丰满度差。

2）颜料含量少，涂料过稀。

3）被涂面不平滑且吸收涂料。

3. 预防措施

1）选用丰满度高的涂料。

2）选用固体成分较高的涂料。

3）打磨以消除被涂面的粗糙部分，涂封底涂料以消除底材对面漆层涂料的吸收。

十八、缩边的产生及预防

1. 现象

在涂装和烘干的过程中漆膜收缩，使被涂物的边缘、角等部位的漆膜变薄，严重时甚至出现露底的现象，在水性涂料施工时常出现这样的弊病。

2. 产生原因

1）漆基的内聚力大。

2）漆料的黏度偏低，所用溶剂挥发较慢。

3. 预防措施

1）在设计涂料配方时，应注意消除缩边弊病。

2）添加阻流剂，以降低内聚力。

十九、烘干不良、未干透的产生及预防

1. 现象

漆膜干燥后未达到完全干，手摸漆膜有发湿感，漆膜软，未达到规定的硬度，或存在“表干里不干”等现象。

2. 产生原因

1）自干或烘干的时间和温度未达到工艺规定要求。

2）自干场所换气不良，温度偏低，湿度较高；烘干室的技术状态不良，温度较低，时间不足。

3）一次涂膜太厚。

4）自干性涂料所含干燥剂失效，或表干型干燥剂用得太多。

5）烘干室内被烘干物太多，热容量不同的工件同时在一个烘干室中烘干。

6）被涂物表面有蜡、硅油、油和水等。

3．预防措施

1）严格执行工艺规范。

2）自干场所和烘干室的技术状态应达到工艺要求。

3）氧化固化型涂料一次不得涂得太厚，如厚度超过 20μm 则应分几次涂装。

4）添加干燥剂，调整表干型干燥剂的用量。

5）不同热容量的工件应有不同的烘干工艺，烘干室的装载量应控制在一定范围内。

6）严防被涂物和压缩空气把油污、蜡、水等异物带入涂层中。

二十、裂纹的产生及预防

1．现象

在涂层干燥时，受酸性气体的影响，漆面产生皱纹、浅裂纹等现象。

2．产生原因

1）涂层干燥场所的空气中含有酸性气体。在采用烟道直接烘干的场所易产生这种弊病。

2）所用涂料的耐污性差。

3．预防措施

1）查清裂纹产生的原因，消除干燥场所中的酸性气体，或降低其浓度。

2）采用烟道直接烘干的场所，应通过试验，当无酸性气体或浓度很低不影响漆膜干燥时，才可进行干燥处理。

3）选用耐污染的涂料。

二十一、色差的产生及预防

1．现象

刚涂装完的漆膜的色相、明度、彩度与标准色板有差异，或在补涂漆时与原漆色有差异。

2. 产生原因

1）所用各批涂料之间有较大的色差。

2）在更换色漆时，输漆管路系统未清洗干净。

3）干燥规范不一致，尤其在烘干的场合。

4）补漆造成的斑印。

3. 预防措施

1）加强涂料在使用前的检验。

2）换色漆时，要认真清洗设备和用具。

3）严格执行烘干工艺。

4）严格执行修补涂装工艺，提高技术水平。

二十二、掉色的产生及预防

1. 现象

在用蜡或用抹布擦拭时，抹布上粘着有深层颜色的现象。

2. 产生原因

主要是由于涂料中所含的颜料渗透到漆膜表面所致。

3. 预防措施

1）改进涂料配方，选用不掉色的涂料。

2）在所用的涂料中添加漆基，或进行表面罩光。

二十三、污染的产生及预防

1. 现象

由于铁粉、水泥粉、沙尘和漆雾等异物附着在漆膜表面，使漆面变粗糙、弄脏、产生斑点等现象，如图 6－31 所示。

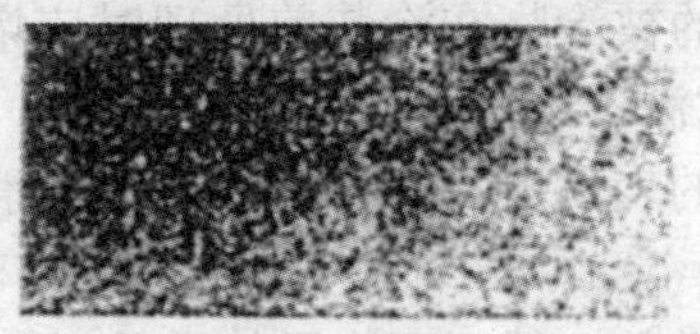

图 6－31　面漆膜污染尘土的缺陷

2. 产生原因

1）在涂层干燥过程中，周围环境中的铁粉、水泥粉、沙尘、漆雾等异物侵入和贴附在漆膜表面。

2）涂层未干透前进行包装而造成污损。

3）涂层接触沥青、焦油、酸性物质、树脂、昆虫鸟粪、化学物质和有色素物质等而被污染。

3. 预防措施

1）确保施工场所的清洁，消除污染源。

2）应真正干燥后才进行包装。

3）防止涂层与污染介质直接接触。

4）选用耐污染性强的涂油。

二十四、吸收缺陷的产生及预防

1. 现象

在涂装时涂料被底漆过度吸收，出现无光，似未涂漆那样的状态，如图 6－32 所示。

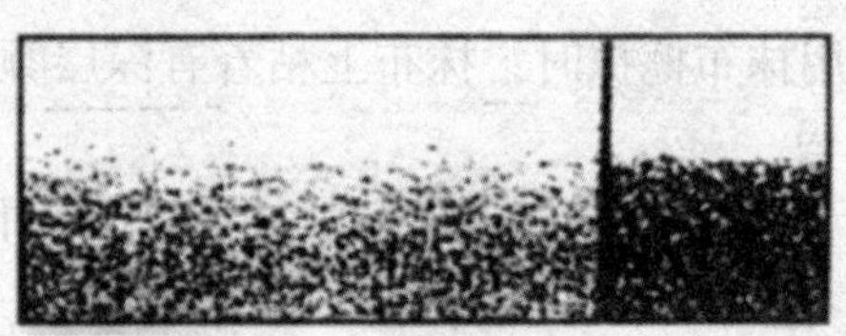

图 6－32 涂膜表面无光泽缺陷

2. 产生原因

被涂物为多孔材质，如松木板、纤维板和涂刮的腻子层等，把涂在其表面上的涂料吸入孔内，使漆面无光或不完整。

3. 预防措施

1）多孔材质的被涂物在涂装前处理时应堵孔打磨，使表面光滑，无孔后再喷涂。

2）刮过腻子的表面应打磨，并涂底漆，消除腻子对面漆的吸收。

3）增加涂层道数，保证面漆层的质量。

二十五、鲜映性不良的产生及预防

1. 现象

涂层的鲜映性不良，也就是涂层的装饰性差，致使漆面缺乏艳丽和光泽。

2. 产生原因

1）被涂物表面平整性差。

2）所选用的涂料的展平性、光泽和细密度差。

3）涂装环境差，涂层表面产生颗粒。

4）喷涂工具不好，施工黏度及溶剂选用不当，喷涂时涂料雾化不良，涂面的桔皮严重。

5）涂层厚度不足，丰满度差。

3. 预防措施

1）提高前处理质量，确保被涂表面干燥、光滑、平整。

2）用展平性好、细度和光泽优的高质量的涂料。

3）改善涂装环境，保证施工环境的工艺要求。

4）选用雾化性能良好的喷涂工具和最佳的工艺方案。

5）增加涂层厚度，以提高涂层的丰满性和平滑性。

二十六、过烘干的产生及预防

1. 现象

涂层在烘干过程中，因温度过高或时间过长，使漆面产生失光、变色、变脆、开裂和剥落等现象。

2. 产生原因

1）烘干设备失控，造成温度过高或时间过长。

2）涂层配套和烘干工艺不当。

3. 预防措施

1）确保烘干设备技术状态良好，防止失控现象发生。

2）严格按照烘干工艺进行操作。

3）涂层配套、工艺应正确无误。有问题时应及时纠正。

二十七、修补斑印的产生及预防

1. 现象

修补部位与原漆面的光泽、色相有较明显的差别，出现修补斑痕。

2. 产生原因

1）修补涂料与原涂料的光泽和颜色不同，或修补涂料较原涂料耐老化性差。

2）被修补部位打磨不良而产生光泽不均匀。

3）局部修补水平较差。

3. 预防措施

1）尽量采用原车用的涂料和工艺进行施工修补。

2）认真打磨，提高打磨质量。

3）修补面适当扩大到明显的几何分界线面上，提高局部修补的技术水平。

二十八、打磨缺陷产生的原因及预防

1. 现象

由于打磨不彻底，有漏磨表面，或打磨工具及砂纸掉砂所引起的涂膜刮伤等缺陷，如图 6－33 所示。

图 6－33 涂膜打磨砂痕缺陷

2. 产生原因

1）打磨工具的技术状态不良或操作不认真。

2）砂纸质量差，有掉砂现象。

3）在打磨平面时，未采用磨块，局部用力过猛。

4）打磨后，未检查被打磨面的质量。

3. 预防措施

1）确保打磨工具的技术状态良好，操作时应认真。

2）选用优质砂纸，在用新砂纸之前，应将砂纸互相对磨一下，以消除粗砂子的掉砂。

3）在打磨平面时，应采用磨块，并注意打磨方向。

4）打磨后，应进行打磨质量检查，如在湿打磨后浇水，借助水膜反光检查打磨质量。

二十九、腻子残痕缺陷产生的原因及预防

1. 现象

涂层表面刮过腻子的部位产生断裂或失光，如图 6 – 34 所示。

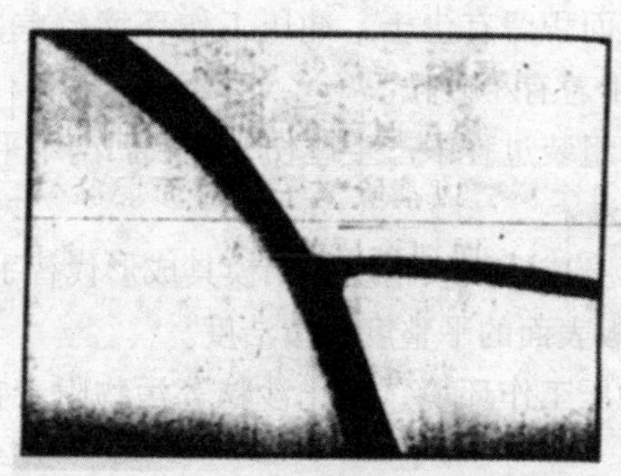

图 6 – 34　面漆膜龟裂缺陷

2. 产生原因

1）刮腻子部位打磨不足。

2）刮腻子部位未涂封底漆，腻子层的吸漆量大，或颜色与底漆层不同。

3）所用腻子的收缩性大，固化后变形。

4）腻子涂层太厚。

3. 预防措施

1）对刮腻子部位充分打磨。

2）在刮腻子部位涂封底漆。

3）选用收缩性小的腻子。

4）减小腻子涂层厚度。

三十、车身板面凹凸缺陷产生的原因及预防

1. 现象

由于车身板面凹凸不平，导致涂膜表面凹凸不平影响涂膜外观装饰性的现象。

2. 产生原因

1）车身成形模具的精度不够或手工成形，造成钢板表面不平，出现划痕线等缺陷。

2）钢板表面积留有尘土，冲压工作环境较差，如在冲压时模具或钢板上附着有小砂粒。

3）储运和组装过程中产生碰伤，造成凹凸不平。

3. 预防措施

1）提高车身成形模具精度，用模具成形代替手工钣金成形，成形前检查钢板表面的平整度和清洁度。

2）控制冲压工作环境，防止沙粒等污物附着在模具上或钢板上。

3）在储运和组装过程中防止碰伤。

4）用烫锡、锉平等修整工序来消除钣金件表面的凹凸不平和焊点坑，或以胶代焊减少和消除焊点坑。

5）刮腻子填平。

三十一、砂纸纹缺陷的产生及预防

1. 现象

面漆上能见到砂纸打磨纹，影响涂膜外观。若用锉刀打磨，则留下锉刀纹。

2. 产生原因

1）所选用的打磨砂纸太粗或质量太差。

2）涂膜未干透就打磨。

3）被涂物表面状态不良，有极深的锉刀纹或打磨纹。

3. 预防措施

1）应按工艺要求选用打磨砂纸。涂面漆前采用 350 ~ 500 号

水砂纸打磨，高装饰性涂膜应采用500~600号水砂纸打磨。

2）涂膜干透并冷却至室温后再打磨。

3）对于要求装饰性的场合，以湿打磨取代干打磨。

4）提高涂装前被涂物表面质量，或刮腻子填平。

三十二、刷痕、滚筒痕缺陷产生的原因及预防

1. 现象

在刷涂或滚涂时，涂膜干燥后表面留有凹凸不平的刷痕或滚筒痕的现象。

2. 产生原因

1）涂料的流平性差，涂料中颜料含量高。

2）刷子、滚筒太硬。

3）涂装环境温度低。

4）溶剂挥发快。

3. 预防措施

1）选用流平性好的涂料。

2）根据所用涂料的特性，选用合适的刷子或滚筒。

3）涂装环境温度不应低于10℃。

4）使用沸点高、挥发性慢的溶剂。

5）快干型涂料宜喷涂，不宜刷涂或滚涂。

三十三、遮盖痕迹缺陷产生的原因及预防

1. 现象

遮盖用的胶带痕迹原样残留在涂膜表面上，或分色线呈锯齿形的现象。

2. 产生原因

1）胶带的质量太差。

2）遮盖工作执行得不认真。

3）涂膜未干就撕下胶带或其他遮盖物。

3. 预防措施

1）选用涂装专用胶带，在烘干场合胶带应耐热。

2）按工艺要求认真遮盖，为确保分色线无锯齿，应选用边端整齐的胶带。

3）涂膜干后再撕下胶带或其他遮盖物。

单元七　汽车内外装饰

课题1　汽车内外装饰材料

一、布饰面料

布饰面料，按其原料的组成，可分为纯棉织品、纯毛织品、化纤织品和混纺织品。

1. 纯棉织品

(1) 主要性能　柔软性、保温性、透气性均良好，容易染色，鲜艳；但容易吸水，强度不高，容易变形。

(2) 主要用途　在一般的汽车装饰中制作座垫、座套等。

2. 纯毛织品

(1) 主要性能　保温性、透气性好，强度比棉的高，织品不易着色，易遭虫咬，易变形，不易清洗，定型温度高。

(2) 主要用途　是汽车装饰的主要材料，可作顶盖、内护面的内衬装饰、座套、座垫、地毯等。

3. 化纤织品

(1) 主要性能　强度高、寿命长、易清洗，定型后不易变形，制品挺括，易着色；保温性、透气性差，有的着色性也差。

(2) 主要用途　是汽车装饰的主要材料，可作顶盖、内护面的内衬装饰，也可作座套、座垫、地毯等。

4. 混纺织品

(1) 主要性能　以棉、毛、化纤为原料，按适当的比例织成，具有上述单一原料的优点，综合性良好，在一定程度上克服了相应的不足。

(2) 主要用途　汽车装饰的主要面料之一，可作内衬装饰，也可作座套、脚垫、窗帘等装饰品。

二、皮革面料

皮革面料主要有牛皮、羊皮和猪皮等。

1. 皮革面料的特性

(1) 牛皮　以黄牛皮为主，皮革大而厚，加工和装饰性很好，是皮革装饰中最佳的面料。它可以染成各种颜色，柔和、丰满，皮纹细腻，表面光亮。

(2) 羊皮　羊皮较牛皮薄，皮纹更细腻、柔和，但强度比牛皮差。

(3) 猪皮　比牛皮小，比羊皮大而厚，毛孔大，皮质和皮纹较粗。

2. 皮革面料的用途

皮革面料是汽车装饰中高级的装饰面料，在高级豪华的轿车装饰中，驾驶室、座椅、仪表板、顶盖内衬、内护板，甚至车顶的外护面都用优质的黄牛皮为面料进行装饰。车内的一些附件，如转向盘、把手、安全拉手等都用真皮面料进行装饰。

三、塑料

目前在汽车上应用的塑料有聚氯乙烯（PVC）、聚丙烯（PP）、丙烯腈、丁二烯、苯乙烯（ABS）、酚醛塑料（PF）、聚氨酯泡沫塑料（PU）等。

1. 聚氯乙烯

(1) 硬质聚氯乙烯

1）主要性能　机械强度较高，化学性质稳定，绝缘性能优良，耐油性和抗老化性也较好，易焊接和粘合，价格低。但使用温度低（在60℃以下），线膨胀系数大，加工成形性不良。

2）主要用途　应用于管、棒、板及管件，除作日常生活用品外，主要用作耐腐蚀的结构材料或设备里衬材料及电器绝缘材料。

(2) 软质聚氯乙烯

1）主要性能　抗拉、抗弯强度及冲击韧性较硬质聚氯乙烯低，但伸长率较高。其质地柔软耐摩擦和挠曲，弹性良好，似橡胶，吸水性低，易加工成形，有良好的耐寒性和电气性能，化学性质稳定，能制成各种鲜艳而透明的制品。但使用温度低，在 -15～55℃。

2）主要用途　通常制成管、棒、板及薄板、薄膜、耐寒管、耐酸碱软管等半成品，供作绝缘包皮、套管、耐腐蚀材料、包装材料及日常生活用品，在汽车上主要作内饰材料和电气材料等。

2. 聚丙烯（PP）

（1）主要性能　它是最轻的塑料之一，其屈服、拉伸和压缩强度及硬度均优于低压聚乙烯，有很突出的刚性，高温（90℃）抗应力松弛性能良好，耐热性能较好，可在 100℃以上使用，如无外力 150℃时也不变形，除浓硫酸、浓硝酸外，在许多介质中很稳定，相对分子质量低的脂肪烃、芳香烃、氯化烃，对它有软化和熔胀的作用，几乎不吸水。高频电性能不好，成形容易，但收缩率大，低温成脆性，耐磨性不高。

（2）主要用途　在汽车上主要用于内饰件、内衬板、内翼子板、散热器挡风帘、仪表板、保险杠、面罩等。

3. 苯乙烯（ABS）

（1）主要性能

1）浅象牙色不透明的非结晶性聚合物，无毒、无臭，着色性好。

2）硬而坚韧，刚性、耐低温冲击性、耐蠕变性、尺寸稳定性、耐磨性均好，线胀系数很小，成形收缩小，表面光泽好。

3）电绝缘性较好，可燃，火焰呈黄色，有特殊臭味，但不滴落；不耐紫外线。

4）耐油，耐酸、碱和无机盐，但溶于酯、醛、醚类及氯化物，且易吸湿。

5）和极性树脂相容性好，可改善 PVC 的性能。

（2）主要用途　苯乙烯在汽车装饰上，可作为内外装饰件，如前后保险杠、装饰压条、仪表板、组合仪表等多种零部件。

4. 酚醛塑料（PF）

通常所见到的酚醛塑料由苯酚和草酸、氨或氢氧化钠催化下缩聚而成的酚醛树脂，加上填料及其他添加剂配合而成。

（1）主要性能

1）力学性能很好，刚性大，冷流性差，耐热性很好（100℃以上）。

2）在水润滑下摩擦因数极低（0.01~0.03），PV 值很高。

3）有良好的电性能和抗酸碱的侵蚀能力，不易因温度和湿度的变化而变形，成形简便，价格低廉。

4）缺点是质地较脆，色调有限，耐光性差，耐电弧性较小，不耐强氧化性酸的腐蚀。

（2）主要用途　汽车上常用密封件和轴承、轴压、带轮、齿轮、制动装置和离合装置的零件、摩擦轮及电气绝缘零件等。

5. 聚氨酯泡沫塑料（PU）

聚氨酯泡沫塑料是以多元异腈酸酯和多元醇为主要原料，用催化剂、发泡剂和表面活性剂等均匀混合，经化学反应而形成的轻质发泡材料。通过选用不同的原料，调整发泡配方，可制得不同密度和硬质的泡沫塑料。

（1）主要性能　聚氨酯泡沫塑料具有优良的力学性能、热力学性能、声学性能和化学性能。尤其是软质和半硬质的泡沫塑料的吸能缓冲性能和硬质泡沫塑料极低的热传导性能，加上加工简单，易于成形，使之在国民经济各部门和日常生活中得到了广泛应用。

（2）主要用途　软质聚氨酯泡沫塑料广泛用作家具垫材（床垫、沙发、椅垫），运输交通工具（汽车、火车、飞机）的座椅、靠垫及内部防振、装饰材料，如织物、地毯等；半硬质泡沫塑料主要用于汽车工业，如汽车的转向盘、扶手、仪表板、前后保险杠、内装饰材料、吸能缓冲材料等；硬质泡沫塑料在建筑、制冷、石油、化工、造船、汽车、航空等工业中也得到了广泛的应用。

四、进口胶简介

1. 玻璃胶 BETASEAC

（1）主要性能　强度高，富有弹性，安装后玻璃同车身结构能完全融为一体，不仅密封性能好，起到了防水密封的作用，而且还能防止玻璃振颤，起到抗压的作用。

（2）主要用途　使用这种玻璃胶，使汽车玻璃的安装方便而容易。

2. 密封胶 BETAGVARD

（1）主要性能　以聚氯乙烯为基质的汽车涂料。它有防腐蚀、隔绝噪声、美化车身的作用。用于整车密封，可防止和隔绝外部的潮气、灰尘及烟雾，也有一定的隔热效果。

（2）主要用途　上色密封胶可应用于低温和高温烤漆工序中，密封缝隙，而它本身不会沾污、刷染已干了的面漆。非上色的密封胶可用于填补汽车车体内部的缝隙，或者涂刷于车身底盘起防腐作用。

3. 加强胶 BETABRACE

（1）主要性能　主要特点是胶体经加热后会凝结变硬，从而产生了很好的增强、补强的作用。补强后的材料强度能增加数倍、数十倍。该种加强胶有高温及中温凝结两种配方。还有一种可膨胀的产品，这种产品的聚合胶粘物在其凝结之时，可产生膨胀作用。

（2）主要用途　主要用来加强金属板件和热固性塑料板材。用于汽车构件的接合部——车缝、车门、车内地板以及行李箱等处，以防止变形、弯曲。另外，它还有缓冲颤动的作用，故多用作车内壁的装饰材料。由于这种加强胶能同各种不同基材的物体牢固地结合在一起，增加强度显著，所以在设计新车型时，可适当考虑减轻同类结构物质的质量，为车的轻量化作出一定的贡献。

4. 结构胶 BETAMATE

（1）主要性能　这种胶早已广泛被汽车制造厂使用，用来取代和减少焊接工作量和机械零部件结构的比重。它不仅能粘接各种结构件，而且还具有密封功能。这是传统的机械铆接、焊接工艺所不及的。

(2) 主要用途 这种产品的最大特点是可以流动冲填发泡，特别是对汽车的中空构件，在汽车的运行时易引起空气的共鸣，从而产生噪声，影响车内的宁静和舒适。采用这种聚氨酯泡沫产品，经施工可填补车上的中空构件。其液体混合物注入中空腔后便会迅速膨胀，膨胀后的体积可达到其初始体积的 40 倍，最后便形成了一层固化的泡沫层。所有这些可在短短的 15min 内完成。而高密度的泡沫则被用在车身的重要结构件，如梁、柱的补强。其经特殊配方具有缓速膨胀特点的聚氨酯混合液注入后有足够的时间流经并填满中空的空间。它膨胀之后的体积为原来的 10 倍左右。经过 30min 后，就会完全固化。这在一定程度上，也起到了结构胶的作用，使结构中的空隙得到填满，加强成一个整体结构。

课题 2 车身多色花纹喷涂方法

一、概述

汽车车身多色花纹喷涂就是在汽车车身外侧部位的复杂曲面上，按某种构思粘贴或喷涂彩色画面和花纹的一种装饰技术。

二、主要施工方法

(1) 粘贴胶片 制成彩色胶片贴在车身上。

(2) 胶片转印复制 即将胶片在被涂装面上加热复制转印。

(3) 气流涂装 采用气流喷漆直接进行涂装。

(4) 喷射式印刷涂装 直接采用印刷喷漆。一般情况下采用这种方法。

三、多色花纹喷涂材料及设备

1. 喷涂着色原理

原色采用了蓝、红、黄三种喷墨基色及调色修正用的墨色喷墨，共计四种涂料颜色。将这四种透过性涂料进行反复喷涂，即将需要的色彩体现出来。这主要是利用了一种减法混色涂装法来实现的。这种喷涂着色原理如图 7 – 1 所示。

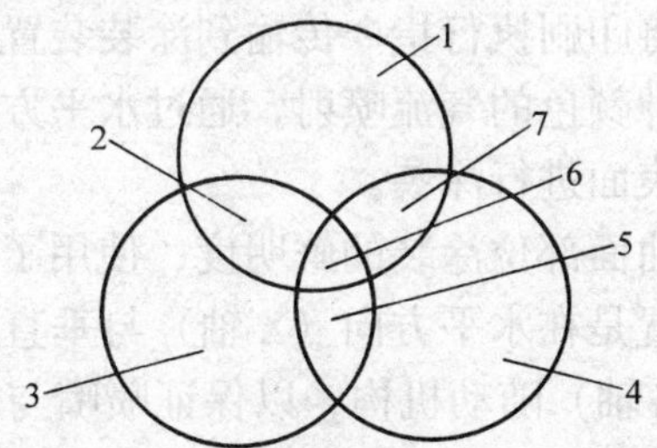

图 7 – 1　减法混色涂装法原理

1—蓝　2—绿　3—黄　4—红　5—橙　6—黑　7—紫

2. 喷涂材料

为了使彩色花纹图案达到要求的效果，对所用的涂料有较高的要求，主要要求涂料微粒化和高浓度化，使色彩达到平衡。目前使用晶莹透明的 UV 类涂料，使耐候性有了很大的提高，漆膜较薄，达到了漆膜色彩的再现性，使色彩复印机再现了与原画面同等水平的色调。

3. 喷涂设备及方法

通过高压气流将涂料喷射到被涂物表面上，其中喷射器的基本结构如图 7 – 2 所示。

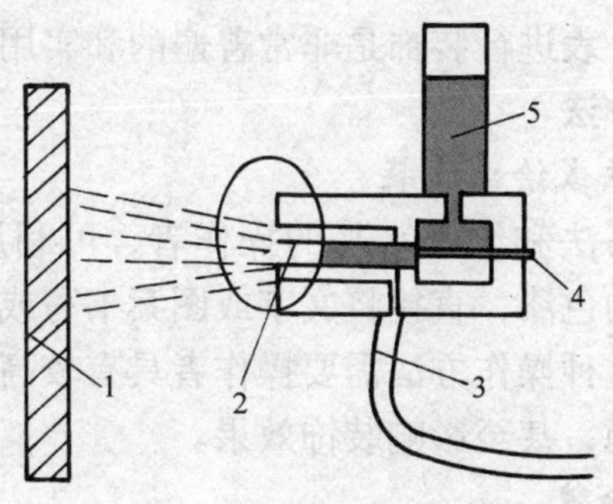

图 7 – 2　喷射器的结构

1—被喷涂物　2—喷嘴　3—高压空气　4—涂料控制阀　5—涂料

喷涂设备将原画面（彩图、照片）用扫描仪读入并通过计算机进行记录和编辑，以达到与原画面一致的最完美的涂装画面，然后通过控制器将印刷执行指令传输到涂装装置中，涂装装置按指令程序进行四种颜色的气流喷射，通过水平方向和垂直方向的移动，在被涂物表面进行涂装。

为保证汽车曲面部位涂装的鲜明度，使用了与曲面形状对应的装置。这种装置是在水平方向（X 轴）与垂直方向（Y 轴）的基础上增设了（Z 轴）随动机构，以保证喷嘴与曲面对应的运动轨迹，这种三维涂装装置，可进行最大角度为 30°曲面随动涂装。

在宽幅为 2～3mm（呈线状）范围进行喷涂，为提高喷涂质量，防止粉尘和振幅的影响，必须选择适合的喷嘴口径和喷嘴前端的形状，以减少气流喷射枪在喷漆时特有的粉尘和振幅，可提高装饰质量。粉尘幅度与喷嘴距喷涂物距离和气流压力有着密切的关系。当气压为 0.5MPa、喷嘴距离为 20mm 时，即能达到很高装饰质量水平。

课题 3　美术字与图案的涂装工艺

一、涂装的应用

在汽车的外表面，经常需要用文字或图案进行涂装，以表达特殊装饰的需求。几乎在每辆车上都有文字标识，所以，以文字与图案在汽车外表进行装饰是非常普遍的和实用的。

二、涂装方法

1. 直接书法或绘画涂装

具有相当书法和绘画水平的操作者，可利用油漆笔或油漆刷，选择适当的色漆，直接将文字或图案书写或绘画到汽车外表特定的部位，这种操作方法需要操作者具有较高的水平，否则容易出现质量问题，甚至影响装饰效果。

2. 刷涂法涂装

将需要的文字或图案在车身表面上描绘出底线，然后按底线进行涂刷文字或图案。这种操作方法比较简便，容易操作，但需要事先做出文字或图案的样板。样板的制作，需要有高水平的书法和绘画人员事先做好。现在计算机技术发展很快，可用计算机打字技术，做出所需的文字或图案，作为涂装的样板。

3. 漏板喷涂法

事先将需要的文字用薄纸板或薄铁板刻划成漏板，把漏板紧贴在需要的车身表面上，可用微型喷枪或前面介绍的喷漆器进行喷涂，使漆雾穿过有缝隙的漏板喷射到车身表面，形成需要的文字或图案。

三、注意事项

1. 选择适合的相关工具和材料

在绘画时需选用大小规格适当的排笔、漆刷、油画笔、毛笔、粉笔、铅笔、直尺等有关工具。此外还应准备一些辅助材料，如纸张、颜料和必须的涂料。材料和工具的选用原则上是以方便和保证绘画质量为依据，与装饰的具体要求有关。例如装饰文字或图案较大，所选用的油画笔和漆刷就要大一些，反之则应小一些。

2. 涂料质量及施工粘度

涂料必须是适合车辆原漆膜的配套涂料。施工粘度应适当，粘度过大，不易流平，也不易施工，影响装饰效果；粘度过小或沾漆过多，易产生流挂，不能保证装饰质量。

3. 涂料颜色选择要适当

因装饰的车辆原漆膜有一定的颜色，在其上面涂装文字或图案，要求装饰后的文字或图案鲜艳并与原车颜色协调，给人以舒适的效果。一般常用的颜色相配关系是：

1）大红底配白字、黄字。

2）枣红底配黄字。

3）黄底配红字、黑字。

4）正蓝底配白字、黄字。

5）淡粉红底配大红字。

6）肉红底配黑字。

7）粉红底配酱色字。

8）水绿底配黑字。

9）蛋壳青底配黑字。

10）浅绿底配黄字。

11）正绿底配白字。

12）桔红底配白字。

13）桔黄底配黑字。

14）玫瑰红底配黄字。

15）朱红底配白字。

一般忌用的是正蓝底配红字、正绿底配红字，大红底配黑字等。

四、工艺要求

要求色彩配备好看，而且还要求耐久不褪色，特别是汽车外部装饰更是如此。所以，必须选择适合的涂料及颜色。

1）以造漆厂配制的现成的调合漆（硝基漆除外），用一点红漆涂在原有干燥的白漆板上面，1min 后把刚涂的红漆抹净，白漆面上如果残留有红漆，即表示该红漆不耐久，容易褪色；反之，若无残留红漆，则表示不褪色，耐久性好；蓝色油漆也可用同样方法检验。

2）红色调合漆有两种，一种是朱红调合漆，另一种是大红调合漆。在使用朱红调合漆不易褪色，耐久性好。红色醇酸磁漆耐久性好。

3）干粉颜料的选择。可用无色油漆少许与颜料调成色浆，涂在白漆表面上做试验，在 1min 后，将刚涂的色浆抹掉，观看是否有染色现象，以此来考查它的耐久性。

4）如果有生漆（大漆），可将生漆与任何粉状颜料调合作考核最可靠。若颜料本身耐久性好，入漆后仍是本色。否则，随即发黑且稠度增大。

课题 4　彩条及保护膜装饰

一、彩条装饰

目前，用彩条装饰车身已非常普遍，几乎所有的汽车都有色彩不一、大小不同的彩条装饰。

1. 彩条装饰的特点

(1) 彩条的种类　一般的装饰彩条，均是由汽车制造厂家向有关配套厂家提出设计制造要求。配套厂家按设计要求向汽车制造厂家提供彩条。所以，不同的厂家、不同的车型，各有特定的装饰彩条，彩条的品种因而非常繁多。

(2) 彩条的材质　市场上的彩条所用材料，绝大部分是塑料制品和金属制品，以塑料最多。由于汽车工业的飞速发展，装饰配套件厂也如雨后春笋发展起来了，配套装饰产品也层出不穷，为选购装饰件提供了方便条件。

以后饰条为例，其形状如图 7-3 所示。

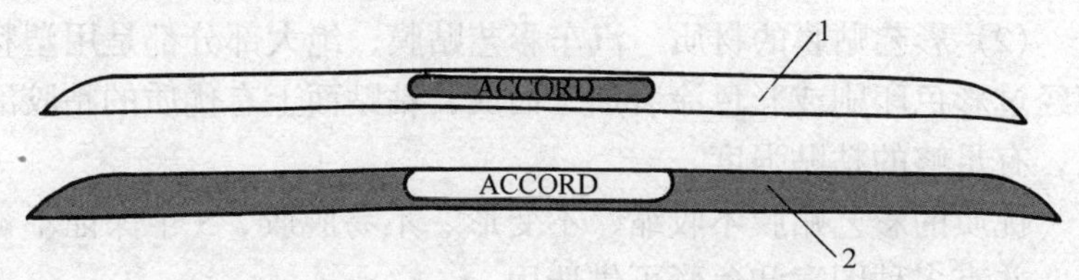

图 7-3　汽车后饰条

1—电子冷光后饰条　2—高级不锈钢后饰条

2. 彩条装饰步骤

(1) 选择彩条　在众多的装饰彩条中，应选择适合本车型需求且色彩鲜艳的彩条作为装饰条，这种选择既是艺术水平和欣赏水平的体现，也是装饰者个性的体现。

(2) 装饰前的清洗　对车身外表需要装饰的部位，应用专用清洗剂进行手工清洗，消除油污和尘垢，使之清洁和干燥，为装饰彩条施工做好准备，以便保证施工质量。

(3) 装饰彩条的施工　将彩条的衬纸撕掉，按要求的部位把彩条粘贴上。在粘贴过程中，边贴彩条，边用手对彩条进行贴压，排尽彩条与车身表面间的空气，不允许有气泡，要求贴实、贴牢。

3. 粘贴彩条的要点

1）彩条粘贴后，必须平整、光滑，不允许出现起皱现象。

2）彩条与车身漆膜之间，不允许有空隙、气泡及异物存在。否则，会影响粘贴质量。出现空隙、气泡时，需压实排除。有皱褶或异物时，应返工重贴。

二、汽车彩艺贴膜装饰

1. 汽车彩艺贴膜的特点

(1) 彩艺贴膜的作用　汽车彩艺贴膜主要是起装饰作用。有时，特制的彩艺贴膜还可起到宣传广告作用。例如：在一辆公交车上，经常可见到利用彩艺贴膜制作的产品宣传广告；还有一些大型的文体活动，用彩艺贴膜制成“海报”形式，粘贴到车身上，既起宣传又起装饰作用，一举两得。

(2) 彩艺贴膜的材质　汽车彩艺贴膜，绝大部分都是用塑料膜经过彩色印刷或彩色涂装加工而成，粘贴面上有优质的粘胶涂层，有足够的粘贴强度。

优质的彩艺贴膜不收缩、不变形、不易脱胶，5年保证不褪色，并有多种图案和色彩可供选用。

(3) 彩艺贴膜品种规格多，大小差异大　大型公交车上用大的彩艺贴膜，轿车上用的是中小型的。有的已制成系列产品，为对应车型产品配套。有的是通用产品，可供多种车型选用。

(4) 施工简便　彩艺贴膜实际上是我们常见的不干胶特种产品，装饰性强，可以简便地粘贴在需要装饰的部位。

2. 彩艺贴膜装饰方法

(1) 贴膜选择　在众多的贴膜产品中，选择质量好、自己喜爱的图案进行装饰。

(2) 清洗处理　将需要贴饰的部位进行清洗，除去油污、尘土、异物等，使之清洁干燥。

（3）饰膜贴装　撕掉贴膜内衬，将贴膜平整地粘贴在车身表面上。

三、汽车保护膜装饰

1. 保护膜的作用

汽车漆膜保护膜，具有超强韧性，无色透明，用于保护车身易受擦撞的部位表面，当受到轻度擦撞时，不致于使漆膜受到刮伤掉漆，常用于保险杠、发动机罩、前后车门、后视镜等部位的保护。

2. 保护膜的装贴

1）选择保护膜。

2）清洗装饰部位，用清洁剂清洗需要装饰的部位，清除油污、尘土及异物等，使表面清洁干燥。

3）撕掉保护膜衬纸，将保护膜平整地粘贴到车身表面上。

4）消除保护膜和漆膜之间的空隙和空气，使保护膜牢固地粘贴在车身上。

课题5　汽车玻璃装饰

汽车玻璃装饰，一般是在汽车玻璃上粘贴隔热防爆膜。

一、用隔热防爆膜装饰车窗的必要性

（1）高温影响驾驶员正常操作　阳光的强烈照射，将使驾驶室和车内温度升高，从而使驾驶员的反应速度降低20%，驾驶员的操作失误率可增加50%。

（2）紫外线照射强度大影响人体健康　在阳光照射下，阳光中的紫外线易使驾驶员和乘员受到紫外线的照射而引起皮肤病症，例如产生雀斑、黑斑、白内障及皮肤癌等。

（3）使车内饰物品受损加重　在强烈阳光照射下，车内温度过高，易使车的内饰件、音响设备、仪表等材质变色、变脆、加速老化，影响其使用寿命。

（4）加重车内空调设备负荷　由于车内温度高，增加了空调运行负荷，加大了能源消耗。减少阳光的照射，降低车内温度，减少造成的损失，最有效的方法之一，就是用隔热防爆膜装饰车窗。

二、用隔热防爆膜装饰的效果

1）热天隔热，隔紫外线，防止紫外线对人体伤害，并节省空调设备的能源。

2）降低刺眼眩光，有利于驾车安全，并使驾驶员和乘员感到舒适。

3）车内的装饰物不受阳光直射照射，可减轻老化程度，延长使用寿命，能较长时间保持装饰物的色泽和品质。

4）使用安全，可防止玻璃爆裂时飞落伤人、损物。

5）隔热防爆膜表层超级耐磨，可保护车窗，使之美观。

6）感压式粘胶层与“易施工”胶膜，可使施工方便，省时，而且可保证施工质量。

7）可自动调节车内光线，适合任何天气的阴晴变化，可保持视野清晰，并可防止眩光。

8）在夏天隔热，在冬季保温，可起到冬暖夏凉作用。

三、隔热防爆膜的结构

隔热防爆膜的一般结构如图 7－4 所示。

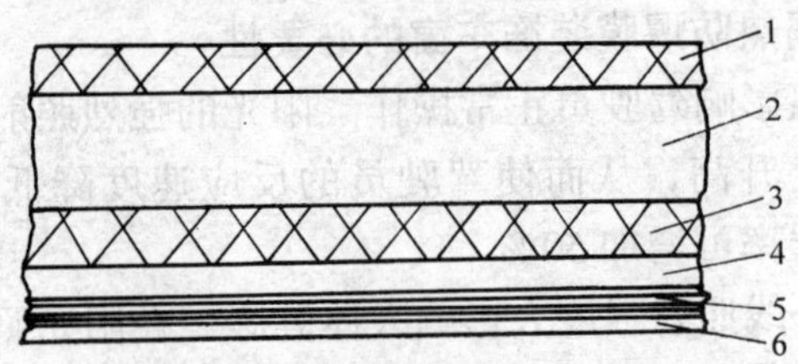

图 7－4 隔热防爆膜的一般结构

1—耐磨外层 2—安全基层 3—隔热膜层 4—感压式粘胶层 5—胶膜层 6—衬纸

四、隔热防爆膜的分类

目前市场上的隔热防爆膜可分为以下 3 类。

1. 染色膜

一般称为普通膜。这种膜用起来就像是糊灯笼的玻璃纸，没有一点隔热效果，而且视线非常差，时间稍长，就会慢慢褪色。

2. 半反光膜

这种隔热膜就是一般汽车销售公司赠送用户的那种“赠品”，隔热率在 40% ~ 50%，使用一二年后，表面会因氧化而变质。所以，在买车时要引起注意。

3. 隔热防爆膜

这是真正的具有隔热防爆功能的膜，万一遇到碰撞玻璃破碎时，可以防止破碎的玻璃飞散而伤及驾驶员和乘客，安全性高；这种隔热防爆膜还具有隔热效果，能防止紫外线穿透，可保护驾驶员和乘客免受紫外线伤害。

五、隔热防爆膜的选择

1. 视车况而定

根据被装饰车辆的档次，选择相匹配的隔热防爆膜。高档次的车用国际知名公司的名牌产品，有可靠的质量和信誉保证。

2. 视需求而定

确定汽车有无隐密性需求，若有的话，最好选择全反光系或半反光深色系的产品。反之，可选择半反光的浅色系隔热防爆膜产品。

3. 对隔热效果的选择

这主要是根据地域和自己的需求而定。若为热带或亚热带地区，则应以隔热效果为主。隔热效果与反光有关，隔热效果好的属于全反光色系，其次是半反光色系。同时，还要根据产品的品质而定。优质产品才能达到隔热指标的要求，否则就很难保证其隔热效果了。

4. 视装饰部位而定

用隔热防爆膜装饰，视装饰部位的需求而选用产品。例如装饰前风挡玻璃，必需重视透光度，要保证驾驶员的视野清晰，应选用反光度低、色系较浅的隔热防爆膜。对其他部位玻璃窗的装饰，可不受此限制。

六、隔热防爆膜的鉴别方法

隔热防爆膜品质的鉴别，主要是从清晰度、手感、颜色、气泡及隔热性方面着手。当然，要精确地检测产品质量，应有适当的检测设备和手段。下面所介绍的是简便的鉴别方法。

1. 清晰程度鉴别

不论隔热防爆膜颜色的深浅，优质膜在夜间的清晰度应在6m以上。而劣质膜则不清晰，总给人一种雾蒙蒙的感觉。

2. 手感体验鉴别

好的隔热防爆膜，用手触摸时给人以厚实平滑的感受；而劣质膜使人感到薄而脆。

3. 颜色差异鉴别

优质膜的颜料在生产时混合在隔热防爆膜的原材料之中，是一种高科技产品，不易变色。而劣质膜的颜料是在胶中，可撕开膜的内衬，用牙齿挫一下，颜色就掉了，膜片被牙挫过的地方会变得透明。在粘贴膜的过程中，有时颜色会自行脱落，这种膜用不到一年就会变色，一年以后褪色将更加明显。

4. 气泡法鉴别

当撕开隔热防爆膜的塑料内衬后，再重新复合时，劣质膜会起泡，而优质膜复合后完好如初。前风挡玻璃用的隔热防爆膜，是由金融、国防及高级别墅所用的防弹膜演变过来的，其透光率应在70%以上。

5. 隔热性的鉴别

隔热性是隔热防爆膜质量的关键指标。对于这项指标的鉴别，只凭肉眼和手感是不易确定的，可以用下面简单的方法进行测试比较：在一个碘钨灯上，放一块贴着隔热防爆膜的玻璃，把一只手放到玻璃另一面而手感觉不到一丝热的是优质膜；而立即有烫手感觉的就是劣质膜。

七、隔热防爆膜的粘贴施工

1. 清洁玻璃

用干净的抹布（不起毛的），蘸上玻璃清洁剂，从上到下，

课题 6 汽车顶棚内衬装饰

汽车顶棚的结构基本上分为成形型、吊装型和粘贴型 3 种，汽车顶棚的装饰又与顶棚内衬的类型有关。

一、成形型顶棚内饰

1. 成形型顶棚的特点

在汽车制造中，为了提高装配速度和保证装配质量，采用成型结构的顶棚较多。特别是在轿车等小型车上用得很广泛。

2. 成形型顶棚内衬的结构

成形型顶棚的内衬是由基材、填充材和表皮材重叠加工而成。其结构形式如图 7-5 所示。

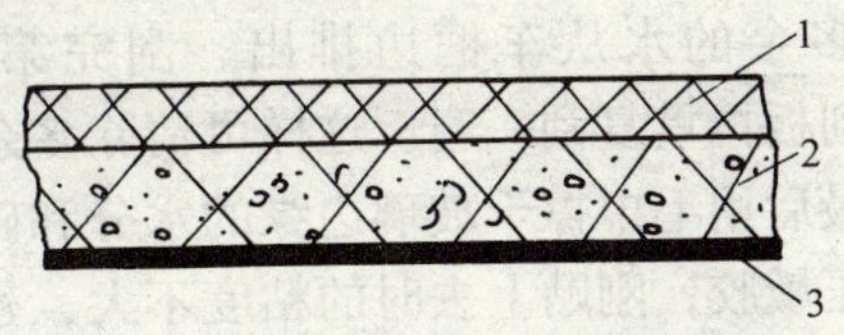

图 7-5 成形型顶棚内衬的结构

1—基材 2—填充材 3—表皮材

3. 成形型顶棚使用的材料

（1）基材使用的材料 基材一般选用浸树脂的再生棉或玻璃纤维、聚氯乙烯泡沫板等材料。

（2）填充材料 填充材料一般选用聚氨酯或聚烯烃树脂发泡体。

（3）表皮材料 表皮材料主要是 PVC 片材。目前，逐渐增加了纺织品材料作表层。

填充材和表材一起层压加工后，粘贴在基材上而构成了顶棚的内衬。

4. 成形型顶棚内衬的装饰方法及步骤

1）对内衬表皮层进行重新装饰。可采用以下两种方法：

① 将内衬表皮层材料（以 PVC 片材为例）采用适当的方法

进行彻底的擦拭，然后用湿的不起毛的干净抹布再
除玻璃上的所有污垢，并使之洁净、干燥，为贴膜

2. 贴膜施工

1）备好与玻璃匹配的隔热防爆膜，膜的大小
璃匹配，一般贴膜要与车窗框有 0.2 ~ 2mm 的间隙
的热胀冷缩不涉及到贴膜。

2）贴膜前，撕掉膜胶面上的塑料内衬，同时
膜的胶面和玻璃的贴膜面，这样可以减小胶在贴膜
便施工，并易于去掉因静电而引起的吸附物。

3）将膜贴在玻璃上，左右适当滑动，使其不
往膜上稍微喷点水，从中心到边缘、从上到下再到
膜，这样可使多余的水从车框边排出。刮完第一
103mm 的超级刮板再重复刮一遍。这样可清除多余
膜贴得更牢。最后用毛巾擦干玻璃边缘的水分和碎
防爆膜用的是压敏胶，刚贴上去时的粘度不大，建
要摇窗或用力擦拭。要特别记住：膜干得越快，粘

八、粘贴膜时的注意事项

1）前风挡玻璃贴膜尤其要慎重，一是对膜的质
透光性要高，隔热性要好，防爆性要强。二是由于前
弧度大，面积大，施工难度大，必须用整张膜粘贴。

2）贴膜，不仅要求膜的质量好，而且贴膜施工
好，否则影响贴膜使用效果。所以，要选择技术高、
誉好的装饰单位施工。

3）在选择隔热防爆膜时，要特别注意有无防伪
产品的背面一般都印有防伪标志。

4）贴膜后，坐在车内用目测检查隔热防爆膜和粘
颜色是否均匀，是否有砂砾、尘垢，是否影响向车外
的正品隔热防爆膜有极高的单向透光性，粘贴质量好
砾、气泡、划痕等疵病，毫不影响向车外观察。隔热
劣质产品时，应更换；粘贴质量不好时，应返工。

拆下，然后选用同类的新的质量优的 PVC 片材，以适当的剪裁加工，用粘接法粘贴上，形成新的表皮层的内衬。

② 若原内衬表皮材料是纺织品材料，表层材料只有老化、褪色，没有其他破损，而且与填充层贴合都很结实牢固时，可按其形状尺寸，经过适当的剪裁和缝制，使之成为一个整体的内衬表层，然后用胶粘法，把新的内衬表层直接粘贴到旧的内衬表层上，使整个顶盖总成的厚度略有增加，自然其隔热和隔音效果也有所提高。同时，也比前一种方法节省装饰时间，省去了拆下原内衬表层材料的工序。

2）对顶盖护板内表面进行清洗。除去表面上污垢、异物，并使之清洁干燥，为组装内衬作好准备。

3）把装饰后的内衬进行必要的清洗处理，主要是对内衬的贴附面（与顶棚内表面相贴附表面）进行清洗并干燥，做好与顶棚安装的准备。

4）按原顶盖与内衬的结构形式和安装方法，把装饰好的内衬安装在顶棚上。

5）将原来拆下的零部件，如顶灯、空调器系统、装饰压条等零部件，经过清洗、干燥后，按原方法安装复原。

6）将安装好后的顶棚，进行全面清洗，清除安装过程中造成的尘垢或污物，并用内饰护理剂——多功能清洁柔顺剂，对顶棚内衬表面进行护理，使顶棚内饰焕然一新。

二、吊装型顶棚内饰

1. 吊装型顶棚的特点

一般用在大中型客车和旅行车上，生产的批量不是很大，但手工安装量较大。

2. 吊装型顶棚内饰的结构

吊装型顶棚是用铁丝网吊起来的一种结构。其内饰由隔热隔音层、铁丝网和表材构成。其结构如图 7－6 所示。

3. 吊装型顶棚内饰材料

吊装型顶棚内饰的表皮材料是 PVC 片材或 PVC 人造革或纺

织品材料。为了隔热和隔音，把绝缘材料放到顶板和衬层之间。

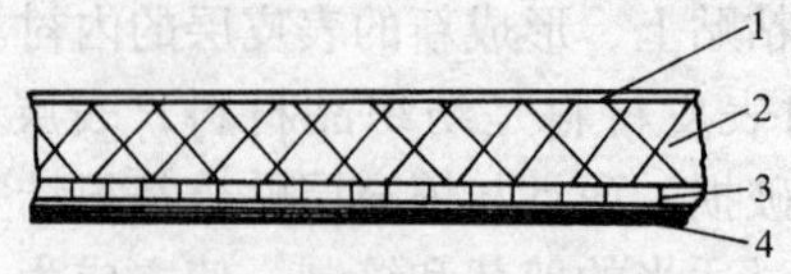

图 7-6 吊装型内衬结构

1—汽车顶盖板 2—隔热隔音层 3—铁丝网 4—内衬表材

4. 吊装型顶棚内衬的装饰

这种结构内衬的装饰，其基本过程与上述类似。可采用简便的方法进行装饰，以顶棚护面没有腐蚀、锈蚀和划伤的情况下进行装饰，其步骤如下：

1）拆下顶棚内衬上的顶灯、空调系统的零部件及其他装饰件等。

2）将内衬表皮层的人造革（PVC）用清洗剂进行清洗干净并擦干。

3）按内衬表皮的形状尺寸，用新的优质同色的人造革（PVC）进行裁剪，并缝制成一体，留足周边粘接后的裁剪余量。

4）选用通用胶粘剂 GH-20 进行粘接。

① 先在原内衬表皮人造革上均匀地涂上薄薄一层胶液，稍凉干一下。

② 再把新的内衬表皮粘贴在上面。

③ 一般是从顶棚内衬的中部开始，分别向前和向后进行粘贴。

④ 粘贴时注意平整，逐渐向前或向后部展开，注意压平、压实，粘贴层中不要留有空隙、气泡，不得出现起皱现象。

⑤ 产生气泡时，可用柔软而有弹性的压板从中部往边缘赶压，把气泡排出，注意只能往一个方向赶压，不能反复进行。同理，对空隙和起皱也用压板进行赶压，使之消除，达到内衬表皮粘贴达到光滑、平整、牢固等要求。

5）按拆装时的反向步骤，把清洗并干燥后的顶灯、空调系统的零部件及其他压条等装饰件安装好。

6）在安装周边压条时，把内衬表皮周边的粘贴余量用刀片或剪刀裁掉后安装好压条。在安装时，要仔细，不得划伤内衬表皮。

7）清洗护理，在内衬表皮装饰的最后，对表皮进行清洗护理。即将仪表板清洁剂喷涂到内衬表面上，然后用柔软的拭布进行擦拭，使人造革表皮光泽明亮，不沾灰尘，还有柠檬香味。

三、粘贴型顶棚内衬

1．粘贴型顶棚的特点

粘贴型顶棚一般用在大中型客车和旅行车上，生产的批量不是很大，但手工安装量较大。

2．粘贴型顶棚的结构

粘贴型顶棚内衬是把填充材料和表层材料层压成型之后直接粘贴在顶棚上。

3．粘贴型顶棚使用的材料

粘贴型顶棚填充材料主要是聚氨酯发泡体、PVC 发泡体；表皮材料主要是 PVC 片材或纺织物等。

4．粘贴型内衬的装饰

这种顶棚内衬，实际上可看作是把填充层和表层材料用粘贴的方法逐一粘贴到顶棚的护面内侧上。如果顶棚护面没有锈蚀和损伤，其内衬的填充层一般也无损坏。在这种情况下，对表皮层进行重新装饰，其操作方法如下：

（1）拆除内衬表层的 PVC 人造革　这种表皮的人造革是用粘接的方法与填充层粘接压合在一起的。现在采用拆除这种表层的方法进行装饰是常用的方法。

1）采用热空气枪把 PVC 人造革边缘加热，使粘胶软化。

2）用钳子夹着人造革边缘并拉出人造革粘合的周边（先拉出部分周边）。操作状况如图 7－7 所示。

3）当拉出部分人造革周边后，继续向内部加热，使粘胶软化，把人造革整片从填充层上拆下。

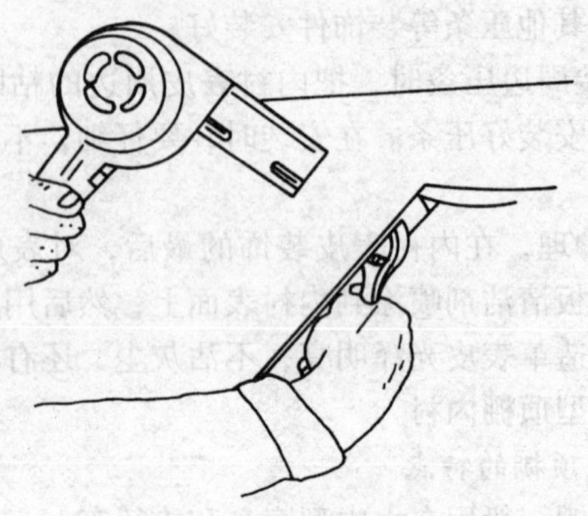

图 7－7 拉出 PVC 人造革边缘

4）上述操作是在连续不断地加热、软化、拆下，直至最后把内衬表层的 PVC 人造革全部拆下。操作状态如图 7－8 所示。

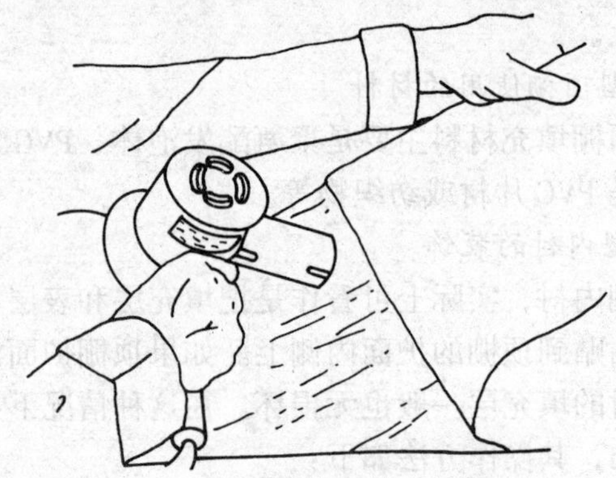

图 7－8 拆下 PVC 人造革表皮

（2）制作新的 PVC 人造革表皮

1）参照拆下的人造革表皮，选择新的优质 PVC 装饰革，其颜色、花样应与旧的一样或相似，也可以选择认定更优质、靓丽的 PVC 人造革，以提高其装饰效果。

2）参照旧的人造革形状尺寸，进行裁剪缝制，制成新的人造革内衬表皮。

(3) 粘贴内衬表皮

1) 选用通用胶粘剂 GH-20 胶粘剂，在常温下进行粘贴，不需加温，加压，施工简便。

2) 把胶液涂刷在填充层上，要求均匀涂刷薄薄一层，稍等片刻，把新的内衬表层平整地粘贴到填充层上，不允许有起皱和气泡。

3) 如有起皱和气泡，可用刮板排除，使之粘贴牢固。

(4) 重新安装已拆卸的零部件　将原来拆下的顶灯、空调系统零部件和装饰件清洗干燥后，按拆下时的反向工序安装好。在安装内衬表皮周边压条时，应先将周边多余部分裁剪掉，然后进行安装。

(5) 最后清洗护理　在顶棚内衬装饰完工后，可用仪表板清洁剂进行清洁护理，使之顶棚内衬焕然一新，达到装饰的效果。

四、顶棚内衬装饰时的注意事项

1) 顶棚内衬表皮装饰，关键是表皮材料、胶粘剂、粘接工艺的正确使用，相互之间必须是配套、协调的；主色应与车厢内部的内饰和谐，否则其装饰效果不佳。

2) 用热风枪加热时，必须控制好温度，温度过高，易损伤内衬结构或表皮。用电熨铁熨平皱纹时，也要控制好加热温度，要适度移动，不能停留一处的时间过长，否则，易损坏内衬表皮，影响装饰效果。用电熨铁熨平皱纹时的操作如图 7-9 所示。

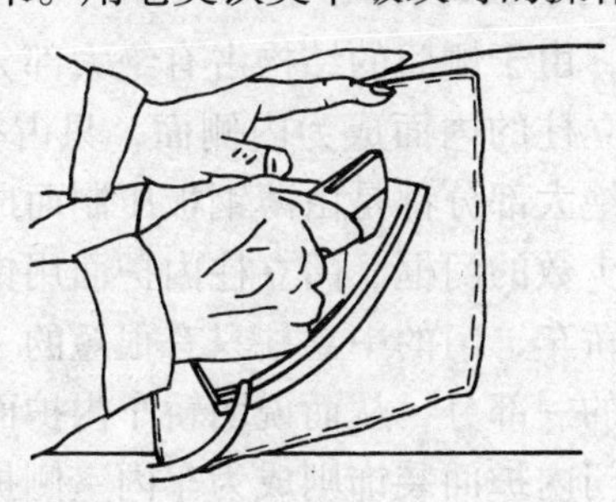

图 7-9　用电熨铁熨平皱纹操作

3）在粘贴过程中，如发现有气泡时，可用刚性的塑料刮板除去气泡，当胶粘剂还没有固化时，也可用塑料压板施加压力，除去皱纹。其操作方式如图 7－10 所示。

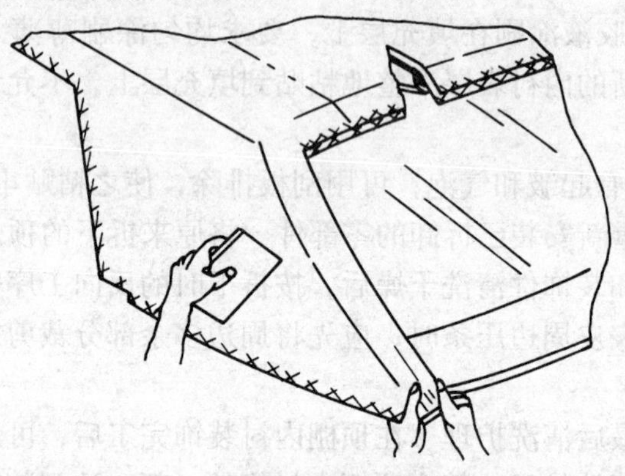

图 7－10 用塑料压板除去气泡或皱纹

4）在清洗或涂胶时，要特别注意不要把清洗剂、胶液等散落到车窗、座椅和地板上，必要时，要对这些部位进行遮盖。遮盖材料和方法与喷涂维修遮盖原则上一样。

课题 7 侧围内护板和门内护板的装饰

一、侧围内护板的装饰

1．轿车侧围内护板的特点

轿车的侧面，由于侧门的结构占有绝大部分面积，除了侧门之外，门框和门立柱的内面成为内侧面，只占很小一部分面积，而这一部分面积绝大部分都是由薄钢板压制而成的，表层则是喷涂的涂料。也有少数的门框、门立柱内护面用铝合金制作。有的双门对开的四门轿车，门的中立柱只有很短的一部分，下部内侧已成为门框内侧的一部分，从而说明轿车内护面的装饰是很小的部分面积，而车门内护面装饰则成为车内室侧护面装饰的主要部分。

2. 轿车内护面的制作和装饰材料

汽车内饰的主要材料是塑料，占内饰材料的60%以上，而且还在逐年增加。在国外，内饰塑料采用最多的是PU、PVC、ABS和PP。在日本，这几种装饰材料在内饰中占80%以上。西欧地区使用最多，约占80%。近年来，由于PP性能的改善及生产工艺的进步，大有替代ABS和PVC的趋势。

在一些高级轿车上，使用真皮装饰内护面也是很流行的，可显得格外豪华和高贵。

3. 旅行客车侧围的特点

旅行客车的侧围内护面积大，车窗的下部至车地板以上全是内护面，形状比较平直。使用的材料有用薄铁板压制的，有用胶合板制作的，还有用塑料板或其他复合材料制作的。在进行具体装饰时，可参照原车情况综合考虑。

4. 旅行客车内护面装饰材料

这类车的档次比轿车低，内护面的制作材料有的用薄铁板压制，有的用胶合板、纤维板或塑料板制作。在内饰装饰上，用金属制作的内护面，绝大部分用涂料喷涂装饰；用胶合板制作的内护面，一般采用人造革粘贴表皮进行装饰；塑料板的内护面，有的是利用塑料本身的光泽与花纹装饰，也有的粘贴人造革或纺织物进行装饰。

5. 侧围内护面的装饰

（1）清洁护理美容装饰　以内护面采用乙烯人造革装饰为例，因使用一段时间后，由于未护理或护理较差，在大气的影响下，内护面表皮表面有尘土污垢并稍有褪色，可采用清洁护理美容的手段对内护面进行护理装饰。具体装饰方法如下：

1）选择清洗剂：选用BG464皮革乙烯材料清洗剂，对内护面进行清洗。

2）清洗方法：将清洗剂均匀地喷涂到内护面上，用干净的柔软的拭布擦干净即可。

3）清洗效果：可使乙烯人造革表面洁净并恢复其表面光泽；

可防止恶劣环境的影响而提前老化；提高了内护面的装饰效果，使人有赏心悦目的感觉。

(2) 粘贴法装饰　内护面有损伤，而且老化褪色严重，可拆掉原内护面旧的表皮，更换新的乙烯人造革表皮。具体装护方法如下：

1）拆除原内护面上的装饰件和功能件，并清洗干净和保存好，以备装饰后复位安装。

2）用热风枪对内护面表皮加热，使原粘胶软化，用尖嘴钳把人造革边缘拉出，继续边加热边拉起人造革，直至把旧的人造革全部拉掉。

3）参照原内护面人造革的形状和尺寸，剪裁出新的人造革片材，按需要缝制成整块，且留出一定的装饰余量，经备粘贴使用。

4）选用 GH－20 通用胶粘剂，按胶粘剂的使用方法，把新的聚氯乙烯人造革粘贴到内护板上，要求平整，光滑，无皱纹和气泡。

5）将原拆下的装饰件和功能件，按拆下时的反向工序安装好。

6）对安装好后的新内护面表皮进行清洁护理，即可使改装后的内护面光亮一新。

二、车门内护板的装饰

1. 车门内护板的特点

1）车门内护板的结构比较复杂，尤其是轿车的正、副驾驶员门的内护板形状更复杂，切面形状尺寸变化大，有凹槽。有的是整体式，有的是组合式，有的还装有杂物袋，供驾驶员放置常用的物品。

2）在门内护板生产中，主要采用复合材料，用现代化的生产设备和现代化的工艺技术生产，一般都是批量生产的，这样既可保证内饰件的质量要求，又可保证在生产线上顺利组装。

3）门内护板要想用简单的设备和方法生产是很困难的，要生产出精确的内护板则更困难。所以，当内护板损坏之后，一般都是用原配套厂家的同类零件进行更换。

2. 门内护板的装饰

根据装饰车的具体情况，对门内护板可分别采用下述方法进行装饰。

（1）更换新内护板　当原车门内护板已经损伤，又不易修复时，应采用同车型的新的门内护板进行更换。在更换时要注意，新内护板是否是同规格的，否则稍有出入就装不上。

（2）美容护理提高装饰性　当门内护板整体完好，只是有尘污或稍有褪色现象。在这种情况下，可采取清洁美容护理的方法，可使内护板达到焕然一新，效果不错，成本也低。

（3）粘贴法装饰　当门内护板基本完好，只是护板表皮层表面稍有划伤或刮裂，车主又不愿意更换新的护板时，可采用粘贴法进行装饰。具体操作方法如下：

1）拆下门内护板上的一些附件或装饰件，如门手把、杂物袋、装饰压条等物品，并将其清洗干净，干燥并保存好，以备装饰后复原安装。

2）用热风枪对表皮边缘加热，使胶体软化，然后用夹钳把表皮拉出，继续不断向中部逐渐加热，逐渐拉起表皮，直到把表皮全部拉下为止。

3）参照拉下的旧表皮形状尺寸，用新的表皮材料进行裁剪、缝制出新的表皮。在裁剪、缝制时，要特别注意门内护板表皮的凸凹部分，不要把形状尺寸弄反了，不然粘贴时会出错，安装不上。缝制好后，可在未涂胶之前试贴检查一下，能否贴服，有无不当之处，如有不当之处，此时可改正，可使粘贴时顺利。

4）进行粘贴时，应选用合适的胶粘剂，按使用要求将新的内护板表皮粘贴到内护板上，要求粘贴后不得有皱纹和气泡，应平整牢固。

5）粘贴完后，待胶粘剂固化一定时间后，再将原拆下的有关零部件复原安装上。

6）最后清洗护理内护板，可使新安装上的表皮更加光滑靓丽。

3. 装饰时的注意事项

1）在车的内装饰时，每一部分虽然是单独进行的，但需统一协调，特别是对装饰材料的色泽要求更是如此。

2）在内护面装饰时，特别是门内护面的装饰时，由于零件结构复杂，采用复合材料用模具压制质量很好，是别的方法无法替代的。而目前采用胶粘法的装饰质量又难以达到以上要求，如棱线不可能太清晰，应要承认这个差距。

3）当装饰效果不太理想时，应采取其他措施，提高装饰效果，如适当改装结构，增设一些装饰压条；或加装一些装饰物，遮盖不太重要的缺陷等。如果措施得当，装饰效果也很突出，可一举两得。

课题 8　仪表板的装饰

仪表板的种类繁多，每种车型都有多种规格的仪表板。车型很多，自然仪表板就更多了。按仪表板的制作材料，可分为金属材料仪表板、塑料仪表板和复合材料仪表板。

一、金属仪表板

这种仪表板主要是用薄钢板或铝合金板冲压而成。

金属仪表板按总成的方式（主体）可分为整体式和组合式两种。

1. 整体式仪表板

这类仪表板，整体不大，基本上属于中型或小型，而且形状也不太复杂，可用冲压技术制造出来。

冲压成形的仪表板，当主体完成后，应在表面进行防锈、防腐蚀喷涂处理，以提高其装饰性。

这类仪表板，绝大部分均在表面粘贴一层皮革或纺织物，以此来装饰仪表板。也有用真皮进行装饰的，以提高其装饰性能。

2. 组合式仪表板

仪表板整体较大，有的形状也比较复杂，为了便于生产制造，采用分块式生产，然后再焊装为一体。

分块组合式仪表板的表面处理，基本上与整体式的一样。

二、塑料仪表板

仪表板的材料是用塑料制作的。由于仪表板的大小形状各异，采用的塑料品种不同，其具体的生产方法就不一样。

塑料仪表板分为整体式和组合式两大类。

1. 整体式塑料仪表板

由于塑料成形性比金属的好，所以整体式塑料仪表板的形状结构可以是比较复杂的，可用吸塑方法成形。仪表板的表面可以是花纹式的，也可以是光滑平整的，其中花纹式的最多。

在塑料仪表板的表面可进行表面装饰，例如喷镀金属或喷涂涂料进行装饰，也有用粘贴法进行装饰。

2. 组合式塑料仪表板

由于仪表板的形状结构复杂或尺寸比较大，为了方便生产制造，可将仪表板设计成组合式的，分块制作，然后用塑料焊接或胶粘法组成为整体。这样的组合塑料仪表板的表面装饰，基本上与整体式相同。

三、复合材料仪表板

复合材料基本上是由表皮层（塑料、纺织物、地毯等）。隔音减振部分（泡沫或纤维材料）和骨架等部分组成。由这种材料制成的零件，除能满足一定的作用功能外，还能使人感到舒适美观，而且这种材料的生产工艺简单，成本低廉，适用性强，因而发展很快，是汽车内饰用材的发展方向之一。

综上所述，汽车仪表板的使用材料主要是以塑料为主。

硬质仪表板采用的塑料有 PP、PPO、增强 AS、超耐热 ABS 和 ABC/PC 等。

软质仪表板多用 ABS 和改性 PVC 片材，以真空吸塑成形后放入模具中，再注射 PU 发泡而成。由于 PU（半硬质）泡沫的开口性，因此它具有良好的回弹性，并能吸收 50% ~ 70% 的冲击能量，安全性高，耐寒，耐热，坚固耐用。

欧洲生产的汽车的仪表板以 ABS/PC 及增强聚丙烯为主；

美国生产的汽车多用苯乙烯/顺丁烯二酸酐 SMA，这种材料价格低，耐热、耐冲击，具有良好的综合性能；

日本生产的汽车目前采用玻璃纤维增强塑料 SAN 为主，也采用耐热性更好的 PPE。

四、仪表板的装饰

在汽车仪表板的装饰中，对仪表板的表皮装饰很重要，因为仪表板的表皮是最使人一目了然的地方。用真皮装饰仪表板这是目前高级的装饰。当然，皮革装饰是高级的，用高级皮革装饰就更高级了。目前一般认为，用优质的黄牛皮装饰就是最豪华的了。用真皮装饰仪表板的方法：

1. 拆下原仪表板表皮

1）在拆下仪表板人造革之前，应首先将仪表板上的各种仪表和装饰件等全部拆下，并进行必要的清洗和保存好，以备装饰后复原安装。

2）仪表板与车身之间一般都是采用螺钉固定，当把仪表等拆下之后，就可以把仪表板拆下了，仪表板拆下之后，才可以拆下仪表板的表皮。

3）以原表皮为胶粘式为例，先用热喷枪对表板边缘处加热，使粘胶软化，然后用尖嘴偏钳拉出人造革边。

4）逐步向中部边加热、边拉起旧的人造革，直至把仪表板的旧人造革全部拉起拆下。

2. 缝制新的仪表板表皮

（1）选择新表皮材料　一般情况下，是以原表皮材料为依据，选择新的与原表皮同类型规格的材料即可。若车主要求提高内饰档次，选用高级的材料也可。

（2）裁剪、缝制表皮　在裁剪时，应参照原表皮的形状尺寸，考虑到真皮材料的延伸性，所以对凸凹形状处的放样展开更应准确贴合为原则，这就需要实际经验了，也就是裁剪师的水平了。

(3) 检查缝制的新表皮 当缝制出新的表皮后，可先试贴一下，看看是否能贴合一致。能贴合为最好，有出入时可进行修改，以达到平整为原则。

3. 粘贴仪表板表皮

1) 选用适合的胶粘剂进行粘贴（选用 841 胶粘剂，本产品在常温下使用和固化，也不需要加压，使用简便）。

2) 先在仪表板的填充层表面均匀地薄薄涂刷一层 841 胶。

3) 稍等片刻，用手轻轻触摸粘胶表面，以不粘手时，便可将仪表板的表皮对准，从中部开始向两边逐一展开。

4) 一手拉着表皮，一手轻压表皮与填充层表面接触，贴服无差异时，才用手压表皮与填充层表面粘贴上，压实贴平，并把边缘转折到内侧粘贴牢固。

5) 若两人协调进行粘贴操作则更方便，也更有利于保证粘贴质量。

6) 检查粘贴质量。经检查，若表皮粘贴位置正确，无气泡，无皱纹，表面光滑，平整，无划伤，就达到了粘贴质量要求。

4. 安装仪表板

当粘贴后的仪表板完全固化之后（按粘胶使用要求而定，一般 24h 可达到粘接最高强度，即完全彻底固化），按拆下时的反向工序，把仪表板固定在车身上，然后装上各种仪表和其他附件、装饰件等，即完成了仪表板的安装。

5. 清洗护理

安装后的仪表板，还须进行清洗护理，以使整个仪表板总成面貌一新，达到重新装饰的效果。清洗护理方法：

(1) 选用清洗护理材料 目前清洗护理材料很多，可根据现场情况选用。常选用全能泡沫清洁柔顺剂对仪表板进行清洗。本品具有泡沫丰富，去污渍能力强，能迅速分解并清除油污。使用时，先将此清洗剂涂在仪表板表皮上，然后用柔软的拭布擦拭即可清洗仪表板上的一切污渍，使之清洁。

（2）选用真皮保护剂对仪表板进行护理　本品能使发硬的皮革制品变得柔软光滑，延缓老化，提高光亮度，并伴有令人愉快的香味。使用时，将本品均匀地、薄薄地喷在仪表板的表皮上即可。这是喷在清洗后的清洁干燥的仪表板上进行的保护处理。

（3）还可选用清洁护理二合一处理剂进行清洁护理　例如选用3M塑件皮革清洁保护蜡PN39040进行处理。本品含有清新柠檬香味，适用于一切塑料、橡胶、皮革材料。能清洁这类物件表面的污垢和油渍，并在被处理表面留下一层自然保护层，清洁润光，使灰尘不会聚集。

五、仪表板装饰时的注意事项

（1）结合车辆实际进行装饰　在装饰仪表板时，必须结合车辆的类型、档次、新旧程度进行综合考虑，采用适当的方法进行装饰。

例如低档车，绝不能进行豪华装饰；很破旧已近报废的车，更不必大动干戈进行装饰，这样没有什么实际用处。

（2）要与内饰协调　在仪表板装饰时，必须认清仪表板只是车内的一部分，对它的装饰应与内室其他相关部分协调，色泽应和谐，不要反差太大，影响整个内饰的装饰效果。

（3）装饰方法的选择　装饰方法要根据车辆的实际情况和用车环境进行选用。以安装卫星导航系统的汽车为例，目前国内的主要大城市，电子地图系统几乎没有，即使你的车是高级豪华车，就是安装了卫星导航系统，你也无法使用。先进的设备只有在适合它使用的条件下，才具有使用功能。

（4）对仪表的选装要谨慎　汽车的各种仪表，每种都具有特定的功能和使用条件，是否符合装饰车辆的结构和使用条件，只有具有相当的技能的人，才可能在这方面选用、改装汽车仪表的布置以及安装、调试，如果控制不好，会适得其反，甚至发生事故，对此必须谨慎行事。

（5）在装饰施工中注意胶粘剂的选用　胶粘剂各有各的特点

和使用条件，要认真按使用条件要求选用。

课题 9　座椅的装饰

一、座椅的结构

1. 轿车座椅的典型结构

目前轿车座椅的典型结构为复合型结构，由骨架、填充层和表皮 3 大部分组成。

(1) 骨架　座椅的骨架主要用金属型材制作。主体是金属焊接结构，起到座椅的定型和支承人体的功能；靠背和座垫处的基本型体，有的是用薄钢板冲压而成。

(2) 填充层　为了增加人们乘坐时的舒适感，在座椅骨架上增加填充物，一般用发泡塑料制作定型的填充层，柔软舒适，造型佳，且不易变形，还具有一定的弹性，既提高了座椅的舒适性，又易于座椅的批量生产，并保证座椅的质量。

(3) 表皮层　轿车座椅的表皮层是座椅质量和装饰的靓点部位，特别是轿车的座椅，是设计师们考虑的重点部位。

表皮层使用的材料，主要有纺织布料、人造革材料和优质的真皮材料等。外形与填充层的形状相贴服。在制作工艺上很讲究，要求裁剪精确，缝制精细，贴服平整合体，以显示座椅的精美外形。

2. 客车的座椅结构

客车的座椅结构，也与车型用途有关。如一般客车和豪华客车，对座椅的要求不同，在结构上也必然有所差异。

一般客车的座椅结构简单，主要是满足乘客最起码的乘坐要求，在造型和舒畅性方面考虑较少。一般是木质座椅和塑料座椅。

而客车的豪华座椅，只是在外形、制作材料和形体结构上稍微讲究一些，其质量介于普通客车和轿车的座椅之间。

二、座椅的装饰

目前，汽车座椅的主骨架和形体，一般是按人体工程学原理制作的，以保证乘坐舒适、安全，其基本结构为复合型。

座椅装饰，主要是对座椅的表皮层进行装饰，主要是对表皮层材料的选用、加工制作。表皮层材料主要用棉毛纺织物、化纤及混纺等纺织物和皮革等。目前，以化纤纺织物和人造革用得最广泛，以真皮装饰为最豪华。

在座椅的装饰中，还以功能的扩展、加装精品等方式，以提高座椅的装饰性和使用性。

1. 用真皮装饰座椅

(1) 用真皮装饰座椅的特点

1）提高汽车内部装饰的档次，让汽车的内饰在人们的视觉上和触觉上甚至味觉上，都有一个较好的心里感受。

2）真皮座椅不能像绒布、纺织品装饰的座椅那样极易“藏污纳垢”，最多也只是灰尘落在其表面上，不会堆积在座椅的较深处而不易清洗。

3）真皮座椅的散热性比绒布或人造革座椅要好，在炎热的夏日，真皮座椅能让人感到只是表面较热，轻拍几下，热气很快消失。

(2) 真皮及真皮座椅的鉴别方法

1）按压法鉴别　对已制作好的座椅，可用按压法进行质量鉴别是很有效的。具体方法是：伸出食指，按压在座椅的表面，压住不放手，若是有许多细微的皮纹向手压处伸去，这就说明座椅的表皮材料不是真皮的，是人造革制作的。

2）延展性法鉴别　如果是定做装饰，可在制作的装饰店找出制作时的边角料进行检查，如果制作座椅材料的边角料延展性能很好，还有较好的弹性，即拉边角料时，伸展较长，而不用力拉时，它还能缩回去一部分，这种现象表明，这种材料是人造革的，而真皮的延伸性差，回弹性也差。

3）燃烧鉴别法　用制造座椅表层的边角料进行燃烧，看其燃烧时的现象。人造革的主要原料是塑料，很容易燃烧；而真皮是不易燃烧的，特别是真牛皮是难烧着的。

4）断面形状鉴别法　从边角料的断面形状进行仔细观察，真皮材料的断面表层结构紧密，可见毛孔，内层较粗糙一些，可见一些很细的纤维状的层纹，纤维细绒不易拉出。而人造革，特别是仿皮革，表现层光滑细密，无毛孔，而内层也较粗糙，有的纤维用夹子夹住可拉出，可见断面整齐的切断状，比真皮的纤维粗而长。这些都是人造革的特征。

(3) 装饰真皮座椅的方法

1）选择传统方式装饰座椅　这种方式是将原座椅表层的绒布或化纤织品拆除，然后照原样缝制一层真皮的座椅表皮并固定在座椅上。这样做的好处是装饰厂家可以完全按原来的椅形及椅面上的缝隙，重新缝制一张完全符合座椅造型的真皮表面，安装在原来座椅的形体上。这样做，不仅可以保持原设计的线条，还可确保在长久使用情况下，椅面不致于变形或移位。这种方法应是首选。

2）选择座套式皮椅　所谓座套式，是指选购装饰厂家已经做好了的皮椅座套，只需将它买来往车中的座椅上一套即可。这种换装方式，拆装自如，价格便宜，但使用稍长，易发生变形和移位。

为了解决座套的变形和移位，目前采用了座套胶粘法安装，可收到比较好的效果。

具体作法是：选用适当的胶粘剂，按胶粘剂的使用方法，将真皮座套粘贴在原座椅的表面上。

也可用胶条将安装好的真皮座套粘接到原椅上。这种方式也比较好，粘贴牢固，甚至原真皮座椅的皮纹也可再现。

(4) 真皮座椅装饰和使用时注意事项

1）合理使用　由于真皮座椅装饰的档次高，比较珍贵。使用时，必须注意清洁，特别应防止划破、划伤，以充分发挥它的装饰价值。

2）及时保养　由于使用和阳光的照射，真皮也会老化、变脆、失去光泽。为此，应对真皮座椅及时进行保养。

保养的具体方法：

1）选用BG464皮革乙烯材料清洗剂进行清洗，恢复其表面光泽，同时还可防止因恶劣环境的影响而使皮革提前老化。

操作方法：将BG464清洗剂均匀地喷涂到座椅真皮的表面上，然后用干净的柔软拭布擦拭干净即可。

2）选用真皮保护剂进行及时保养。本产品能使发硬的皮革制品表面变得柔软光滑，能延缓皮革老化，提高光亮度，同时还伴有令人愉快的香味。

操作方法：将本品均匀地喷洒在真皮座椅表面即可。

2. 用汽车精品装饰座椅

为了提高座椅的使用功能，使人们乘坐时更加舒适。人们想尽办法，采取各种措施，制成了种类繁多的汽车精品饰件，来达到上述目的。现举代表性的实例介绍如下。

（1）保健座垫　这是为乘客和驾驶员提供的保健用品。它可垫在从头枕、靠背和座垫部位上，插上电源起动开关，利用调整器，可调整座垫内部的按摩器，对人体的头部和背部及腿部进行按摩，使人感到舒适，可消除疲劳。

这种保健座垫使用简便，只要插上车内电源，放在座椅上就可使用。

（2）各种类型的降温靠垫　夏季气候炎热，为了使人们乘车时感到凉爽，免受炎热之苦，除在车内安装空调系统外，在座椅的结构和装饰上也想尽办法，尤其是对没有空调系统的车，这类清凉的汽车用品更能发挥其独有的作用。

这类降温凉爽的靠垫，虽然形状各异，但总的都是起靠垫的作用，绝大部分都旋转在靠背和坐垫的部位，有的垫也包含了头枕部位，基本上大同小异，只有档次和做工精细之分。

这种靠垫的最大差异是选用了材质上，主要用材有玉石材料、竹质材料和亚麻等特种材料。从商家介绍情况看，人们对亚麻材料编制的汽车座椅靠垫认为效果较好，购买的人较多；竹制品靠垫也很受欢迎，效果也很好；用玉石材料制作的靠垫，有的人反应太凉，价格较高；还有采用新的特殊材料制作的靠垫，也各有千秋。总之，这类装饰产品的选用余地很大，一定能有适合自己装饰需用的产品。

3. 特种功能装饰的座椅

由于汽车使用功能的扩展，座椅的装饰、结构也必须顺应这种发展的趋势。所以，座椅的新的结构和装饰也层出不穷。下面是几种有代表性的座椅。

(1) 办公座椅　目前出现的多功能汽车，显示出人们对汽车的功能要求变得更高。例如，为了满足行车时，批阅文件和资料，或阅读名著等的需要，可在前排座椅的背部设置一个简便的台桌，可以放置文件、书本和水杯等物品，不用时即可折叠起来。

(2) 可调式座椅　为了方便乘座和提高乘坐的舒适性，不仅要求驾驶员的座椅可调，而且将乘员的座椅也设制成前后位置可调，乘座时可使乘员的腿有舒适的必要空间；为了使乘坐时身体和腿构成一个舒适的角度，座椅靠背的角度可调；乘员和身高不一，为了使头部能舒适地靠到头枕上，则头枕的高度可调。这样的座椅，即有适合人体需要的弧形，而安置的位置和靠背均可按人的需要调整，必然会给人们创造出一个乘坐舒适的良好环境。

(3) 组合可调式座椅　为了满足车内多种功能的需求，有的车上的座椅设置成组合式可调座椅，每个座椅单独可调，并用 7 种以上的组合调整方式，既可组成有小桌式的会议室，又可布置成带床头柜的寝室，驾驶员的座椅可转 180°锁定。如此的组合座椅，为汽车的内室装饰提供了无穷的情趣。

(4) 儿童娱乐座椅　汽车功能增加，对乘员情况也作更细致的需求分类，考虑到儿童乘车的安全，设置了儿童安全座椅；又考虑到儿童本性爱好娱乐，为满足儿童乘车时的这种娱乐需求，又专门为儿童设置了娱乐座椅。儿童可在这种安全的座椅上愉快地玩乐，可消除乘车时的疲劳感。

(5) 多功能座椅　汽车功能的增加，相应的对座椅功能也要求增加。为此，对座椅的结构、装饰也增加了新的要求。例如，要求座椅的安装位置应灵活多变；座椅本身能折叠、能旋转；在座椅的背部设置可方便拆卸或可折叠的袖珍办公台板，可挂置VCD和微型彩色汽车电视机等多媒体装置；有的还设置精致的杂物袋，可旋转书刊报纸等物品。总之，现代的座椅及装饰都成多样化，可满足各种人的不同需求。

（6）空调座椅　在座椅的内部，即靠背和座部位共设置了10个小风扇，并设置了电热和通风装置。冬季，可用电热装置经风扇排出热空气，使乘客感到温暖；夏季，由10个小风扇排出凉风，直接吹向背部和大腿等部，乘座时清凉舒适。

课题10　地板的装饰

一、地板的构造

1. 货车的地板结构

（1）货厢地板　货厢地板最常见的是用薄钢板压成的，焊装在货厢的骨架上而成，结构简单，供装货用。

（2）驾驶室地板　驾驶室地板的基层也是用薄钢板压成的，焊装在驾驶室的骨架上。因为货车的驾驶室是驾驶员工作和休息（长途行车）的场所，应有较好的环境条件，应是一个封闭的空间，具有客车地板的基本功能。

2. 客车的地板结构

一般客车的地板结构是用花纹钢板焊接到车架上，周围用密封胶对周边进行密封；也有用薄钢板冲压成形的地板铺覆在车架上进行焊装，然后用密封胶对周围进行密封，再在这层薄钢板上胶粘一层地板革，周边用铝制的地板压条进行装饰并压紧固牢。

一些豪华客车，是在普通的地板上铺覆一层地毯，一般是选用化纤地毯，这种地毯容易清洗，不易受潮腐蚀。

3. 轿车的地板构造

一般轿车的地板是复合型的，由基层、中间层和表皮构成。

（1）基层地板　基层（最底一层）是用薄钢板压制的，经焊装而成。有的轿车底盘有骨架，压制的薄钢板就焊装在底盘的骨架上。有的无骨架，直接用薄钢板冲压焊装而成轿车的底盘，成为地板的基层，也可叫做底层。

(2) 中间层　中间层主要由加强隔热胶板、胶合板或纤维板等构成，主要起密封、隔热、保温和加强地板刚度等作用。加强隔热胶板和胶合板或纤维板，在车身喷涂烘烤时，隔热胶板将达到低温稍熔状态，但不产生流淌或流滴，从而将中间层和底层粘溶为一个整体。出炉冷却后可提高整体强度，增加了密封、隔热的功能。

(3) 表皮层　地板的表层主要选用优质的人造革，通过胶粘和螺钉等方法牢固地固定在地板上。

二、地板的装饰方法

1. 地板装饰材料的选用

对地板的装饰，主要是因为原地板陈旧或损伤需要装饰，可参照原地板使用的材料、色泽和地板构造，采用适当的方法进行装饰。

若是为了提高原车装饰档次，可在内饰改装的同时，对地板进行改装。这时必须综合考虑，使之与内饰和谐统一。可采用在原地板的基础上，选装汽车地毯，直接放置在地板上即可。

地板装饰的颜色，最常用的是深灰色和红色，深灰色的地板，可使车内有一种洁净舒适的感受；红色，给人以兴奋的感受。在选择装饰材料的颜色时，还应考虑侧围、顶盖和座椅等的颜色，使整个内饰的色泽达到统一、和谐，给人以明亮、舒适的感受。

2. 选装汽车地毯

在原汽车地板的表层，选装适用的汽车地毯，这也是汽车地板装饰的最简便而有效的方法，还可增强地板层的防噪声效果。

在选用汽车地毯装饰地板时，不仅要使地毯的装饰效果达到理想，而且还要考虑防噪声的效果。具体的装饰方法如下：

(1) 前部地板铺设较厚的地毯　在轿车的前部地板，离发动机较近，噪声较大，铺设厚密度的地毯，如选用 4.9kg/m^2 的车用地毯，可以增强隔音效果。

(2) 中部选用中密度地毯　汽车中部离发动机稍远一些，其噪声的影响略小一些。为此，可选用中密度的车用地毯即可达到装饰和隔音的效果，又适当减轻了地毯的重量。中密度汽车用地毯为 3.7kg/m^2。

(3) 后部选用低密度地毯　汽车地板的后部，离发动机位置更远，噪声影响较小，所以选用低密度 2.4kg/m^2 的地毯进行装饰。

采用上述方法装饰后，不仅装饰了地板，而且还使车内的噪声降低到允许的标准以下，也减轻了整车的重量，提高了汽车的综合性能，从而也降低了汽车的使用成本。

3. 汽车车垫选装

这种汽车车垫是专用垫地板使用，即一般常说的脚垫。

根据车内地板和内饰的装饰色调，选择适合的汽车车垫成品或原料。

1) 当选择的车垫是适合的成品时，可直接布置在清洁后的地板上即可。

2) 当选择的是原料时，可按车内地板布置需要的形状尺寸，进行裁剪，分成几块，以方便使用为准。

单元八　汽车美容护理实务

实务一　汽车清洗的一般方法

一、服务内容

一辆轿车进行外部清洗。

二、服务人员

要求有2名服务人员。

三、工时定额

此项工作的工时定额为20min。

四、使用设备及用品

1）浴巾1~2块，毛巾1~2块，麂皮1~2块。

2）冷水高压清洗机。

3）高压水管、高压水枪。

4）洗车液，水。

五、操作规范

步骤1　清洗前的准备

1）将待洗车辆按要求开到清洗工位，用手刹车制动。

2）调配清洗剂。

提示：清洗剂的调配比例要按照产品说明书的配比要求进行，既要保证清洗能力，又要避免不必要的浪费。

步骤2　高压冲洗

说明：汽车进入清洗工位后，先用高压水枪将整车冲湿，然后等待4~5min，再用高压水枪冲洗。具体冲洗方法如下：

1）先用高压清水将全车冲洗一遍，将车身上的砂粒和污泥清除。

2）用高压水枪冲洗车顶，边冲、边刷。

3）用高压水枪冲洗前后风窗和侧窗。

4）用高压水冲洗发动机罩、前围、车门、后围以及前后保险杠。

5）用高压水枪冲洗车轮罩、车轮和底盘下部，对污垢严重处，要反复边冲、边擦，直至擦净为止。

步骤 3 往车身上涂抹清洗剂并擦拭

说明：将已经调配好的清洗剂用海绵均匀擦拭车身表面。擦拭顺序应遵循由上至下，即车顶、风挡玻璃、发动机室盖、行李箱盖、车身侧面、灯具、保险杠以及车轮等。

步骤 4 冲洗及擦干

说明：利用水枪冲去车表泡沫及污水，然后用毛巾、浴巾和麂皮进行擦干。具体工作顺序是：先用大块浴巾快速擦去车身表面的浮水，然后用毛巾擦干整车，包括轮胎、轮毂等处，最后用麂皮对玻璃、车表等处的水膜进行擦干。

实务二 汽车内室的清洗

一、服务内容

一辆轿车清洗内室。

二、服务人员

要求有 2 名服务人员。

三、工时定额

此项工作的工时定额为 30min。

四、使用设备及用品

高压水枪、吸尘器、空气压缩机。万用清洁剂、车内仪表板清洁剂、多功能清洁柔顺剂、460 玻璃清洗剂、0.15mol/L 无机碱洗涤剂、肥皂粉、皮革乙烯材料清洗剂。

五、操作规范

步骤 1 拆除汽车内室地毯、脚垫

说明：一般的地毯和脚垫，绝大部分都是用化纤制成的，拆除到车外后可用高压水枪进行冲洗，也可用化纤清洗剂刷洗，然后用高压空气吹干，或自然凉晾干即可。等内室清洗完成后，再按原方式进行安装。

步骤 2　用吸尘器将内室（驾驶室、乘客室）从顶部向下抽吸一遍

提示：抽吸时要特别注重前风窗上部边沿、两侧转角处、仪表板与风窗和两侧连接部位等窄缝、沟槽等处，应彻底抽吸。

步骤 3　用吸尘器将司机、副司机、乘客座椅和座椅的下面、仪表板下部、地板等处抽吸一遍

说明：这样基本上可以把浮尘、泥土、碎骨等异物清除干净。

步骤 4　清洗仪表板总成

1）用万用清洁剂对仪表板以外的部位喷涂一遍，使泡沫停留 1min 后，在未干之前，用干净柔软的棉布从上到下逐一进行擦拭，对污垢严重处，要重点反复擦拭，直到擦干净为止。

2）把仪表板专用清洁剂均匀地喷涂在仪表板上。

3）稍后用柔软干净的拭布，轻轻地擦拭仪表板，即可达到对仪表板清洗的目的。

步骤 5　对汽车玻璃进行清洗

说明：对内室玻璃制品的清洗可用 460 玻璃清洗剂直接喷涂到玻璃表面，然后用干净的抹布擦干净即可。此清洗剂能去除玻璃表面上各种凝固的沉积物，如润滑脂、油漆等。清洗后，玻璃表面清洁光亮。

步骤 6　用擦洗法清洗内室

1）用海绵蘸上 0.15mol/L 无机碱洗涤剂，涂抹在装饰件、门内板、门框、窗框、座椅支架等部件表面上，然后用干净的干毛巾擦拭，可使内饰表面整洁光亮。

2）对室内的短绒织物上的油污的清洗，可先用毛刷或干净的棉纱，蘸取少量洗涤剂，进行刷洗或擦洗，然后再用干布擦净。

说明：对室内的油垢，如手油、发油、灰尘、煤油等污垢，

可采用表面活性剂为主要成分的洗涤剂清洗。

步骤 7　清洗安全带

说明：安全带必须保持清洁，若有污物时，可用淡肥皂水擦洗，可不必拆下。

注意：安全带擦洗后，必须干透后才能卷带。另外，清洗安全带时，安全带不能与有腐蚀性的液体接触。

步骤 8　对室内座椅的清洗

说明：座椅的外表绝大部分都是用人造革制作的，内有一定形状的泡沫塑料填充。有的还在人造革的外部加上座椅套。

装饰豪华的座椅，其表皮是用真皮精工制作的，这种座椅的外部一般不加座套。

在对座椅进行清洗时，应根据实际情况，采用如下相应的方法进行清洗。

（1）人造革表皮的清洗　这类座椅可采用擦拭法清洗。即先用半湿毛巾进行擦拭，擦拭时，应从上往下逐一擦拭，然后用干的清洁毛巾再擦一遍即可。如果局部有油污、印痕未擦掉时，可用毛巾蘸上一点仪表板清洁剂进行擦拭，即可去除。

（2）对有座套的座椅清洗方法　座套是座椅的装饰和保护用品，其制作的材质绝大部分是化纤、棉、毛等混纺制品，可选用多功能清洁柔顺剂进行清洗。多功能清洁柔顺剂去污力强，尤其对丝绒及地毯表面可起到清洁、柔顺、还原着色和杀菌等功效。

（3）真皮座椅的清洗　可选用皮革乙烯材料清洗剂进行清洗。

1）将真皮清洗剂喷涂在柔软的毛巾或无纺布上，用它均匀地涂布在真皮制品的表面。

2）用另外一块柔软的抹布将皮革制品表面上的清洗剂擦干。

3）10～15min 后（最好这段时间将真皮制品在阳光下预热或用 25℃左右的热风将真皮制品预热）再将摇匀后的真皮上光保护剂喷涂在柔软而清洁的毛巾上（不要太多），再用此毛巾均匀地把保护剂涂在真皮制品表面，并立即用另一块柔软的毛巾或抹布进行打磨抛光。

说明：用小型抛光机配合细羊毛抛光垫进行抛光也可以。但必须选择好压力和速度，一般可采用低速低压抛光。

步骤 9　清洗汽车顶棚内衬

说明：汽车顶棚内衬，一般是用人造革或化纤混纺材料制作的。在清洗时，应按具体的材质选用清洗方法和清洗剂。

(1) 人造革制成的内衬表面的清洗　先用半湿毛巾擦拭一遍，然后用干毛巾再擦拭一遍即可。当内衬表面污垢较严重时，用毛巾蘸上全能泡沫清洗剂进行清洗，然后用干毛巾或抹布进行擦拭即可。

(2) 用化纤、棉、毛混纺材料制作的内衬表面的清洗　将多功能柔顺剂喷涂在顶棚内衬上，然后用饰布擦拭即可。

步骤 10　上述清洗完毕，开始安装地毯和脚垫

说明：将清洗干燥后的地毯和脚垫，按原位置安装好，即完成了对驾驶室的清洗。

六、验收标准

1）内室干净、整洁、清新。

2）客户满意。

实务三　车身的日常护理

一、服务内容

车身日常护理。

二、服务人员

要求有 2 名服务人员。

三、工时定额

此项工作的工时定额为 30min。

四、使用设备及用品

万用清洁剂，多功能清洁柔顺剂，真皮清洗上光保护剂、仪表板上光保护剂、轮胎泡沫清洗剂，亮光蜡。干净、柔软的抹布

4~5块。水。

五、操作规范

步骤1 清洗汽车

说明：根据待洗车的具体情况，选择适合的清洗液，按清洗液的使用要求及操作方法进行使用和操作。

例如：选用“万用清洁剂”，能去除各种漆膜、玻璃及金属制品表面的污垢，不损伤漆膜、塑料及橡胶制品表面，为泡沫清洗剂，适合一般清洗用。使用时，直接将万用清洁剂喷涂到待清洗的表面上，使泡沫停留1min，然后用干净的抹布擦拭干净即可。

注意：不要使泡沫完全干后再擦拭。

步骤2 清洗之后，使车身表面干燥，然后选用汽车车蜡进行保护

说明：选用亮光蜡进行保护。此产品具有光亮持久，品质稳定，能在漆膜上形成保护膜，防止氧化、酸雨腐蚀和雨水浸蚀等，使漆膜不沾灰尘，色彩更加鲜艳。使用时，将亮光蜡直接均匀地喷涂到车身表面即可。

注意：喷涂时，车身应是凉的，避免热时使用。

步骤3 取真皮清洗上光保护剂，对内室进行清洁护理

操作方法：先将上光保护剂喷涂在柔软的毛巾上，用其均匀地擦在皮革表面上，然后用另一块柔软干净的布擦干即可。

步骤4 选用多功能清洁柔顺剂，对汽车内饰、后备箱进行清洁护理

操作方法：将柔顺剂喷洒到待清洗物表面上，然后用柔软的擦布轻轻擦拭干净即可。

步骤5 选用仪表板上光保护剂，将其喷涂在仪表板上，然后用无纺布擦拭干净即可

步骤6 选用轮胎泡沫清洗剂，对轮胎进行清洗，然后用洁净的布擦干，再涂上亮光蜡即可。

实务四　车身柏油的处理方法

一、服务内容

车身柏油的处理方法。

二、服务人员

要求有 2 名服务人员。

三、工时定额

此项工作的工时定额为 20min。

四、使用设备及用品

煤油、柴油或专业车用柏油清洗剂；清洗剂，车蜡。干净拭布。

五、操作规范

步骤 1　先将车身清洗干净，即可看出柏油颗粒

步骤 2　在干净布上沾上柴油、煤油或专业车用柏油清洗剂，并轻抹在柏油处

步骤 3　等待车身上的柏油溶解

步骤 4　擦拭溶解后的柏油，如果仍未能完全溶解，可再多加些煤油、柴油或专业车用柏油清洗剂使其溶解

步骤 5　擦拭干净后，立即用清水清洗该处并擦拭干净

步骤 6　擦拭干净后再将全车或只有清洗柏油的部分打蜡、清洁

注意：在清洁车身上的柏油时千万不可使用与乙二醇基有关的溶剂，如汽油、酒精、制动液等，否则容易破坏车身上的烤漆。

参考文献

[1] 张得金. 汽车装饰美容实用手册 [M]. 北京：机械工业出版社，2004.

[2] 劳动和社会保障部教材办公室. 汽车美容装饰技能 [M]. 北京：中国劳动社会保障出版社，2003.

[3] 杨江河. 汽车美容 [M]. 北京：机械工业出版社，2001.